歴史遺産を未来へ残す

信州・考古学の旅

戸沢充則

はじめに――二十一世紀に残すべき信州の自然と歴史遺産

去年（一九九八年）の秋、東京都心の神田駿河台に完成した明治大学の新校舎「リバティタワー」は、交通便利、施設・設備充実、環境快適という評判を受けて、猛暑の夏休み中も毎日のように各種の学会や団体の催しで賑わっている。ごく最近、日本造園学会と日本農業土木学会という二つの学会がそれぞれ大規模な全国大会・総会を開催し、私も主催校の学長として歓迎のあいさつをして、各学会の代表の方々と懇談の機会を得た。

二つの学会は設立の事情やその後の活動の経過は異なるが、両方の代表が二十一世紀に向けて活動の方針を述べ、新しい時代への抱負を語る言葉は、その目標において共通しているようにうかがった。それはなにかといえば、手法・手段はちがうとしても、めざす点は日本の国土を、そして地球の自然を大切にし、人類の生存を永遠に可能にする環境や農業を護り育てるということだったと思う。

　遠い過去を振りかえって人類史を研究し、はるか未来までの人類の生存と平和を願う気持ちで、考古学を学ぶことを喜びとし、いまはこれからの若い世代にそれをどのように伝えていくかということ、とくに、未来を諸民族同士が共存共栄し、そして人間と環境が共生できる社会をめざすことを目的とした、新しい学問・教育の体系を、学内につくりたいと念じていた私にとって、二つの学会の代表者の方々との対話はとても有意義だったし、そうした意志を抱いた多くの専門家が、私のいる大学で大きな学会を開催してくれたことに、誇りと感謝の念さえ覚えた。

　たまたま、その二つの学会の実行委員の中に、それぞれ信州出身の研究者が居られた。つい、話は郷里信州におよんだ。いま八ヶ岳山麓の縄文の遺跡群を訪ねても、丘陵を削り、沢を埋めて、真っ平な耕地ばかりになってしまったから、昔記憶した場所も思い出せないという私の愚痴に答えて、二人の若い研究者は、いままでの農地改良・農業改善という考え方やそのやり方は考え直す時だと考えている。もう少し自然や環境との調和のとれた方法もあったはずだ。そして歴史的・文化的遺産をたくさん犠牲にしたことも、反省せざるを得ないと率直な意見を述べた。

そんな時ふと、以前に読んだ司馬遼太郎著『街道をゆく』の一冊の「信州佐久平みち」の一部で、信州人は神経のゆきとどいた感覚を持っていると理解していた司馬さんが、小諸城址を訪ねて信州人に対する期待が裏切られたという想いを語った文章があったことを思い出した。

二十一世紀を目前にして、経済主義の下での自然と歴史遺産の破壊は、いま信州においてできるだけ防がねばなるまい。

（一九九九年十月『信州の旅』一一〇号、原題「信州の自然は二十一世紀への遺産」）

歴史遺産を未来へ残す——信州・考古学の旅　目次

V 追慕の記 ……233

I　信州の歴史遺産への旅

よみがえる五千年の村

二〇〇〇年の秋「旧石器発掘ねつ造」事件が発覚して、日本の考古学は社会の信頼を大きく失った。私は学界あげての真相究明と、疑惑の遺跡や石器などの検証調査に積極的に参加する中で、こうした事件がひき起こされた背景には、考古学の学問としての体質、とくに開発優先、行政主導の研究体制、その下での研究者の意識が、総じて、学問するこころと夢を失いつつあることに、大きな原因の一つがあるのだと感じた。

しかし、幼い頃から私の考古学を育ててくれた信州には「考古学のこころ」があった、いや、いまでもそれは生きているのだと信じた。

五十年間護り続けた大遺跡

塩尻《しおじり》市にある平出《ひらいで》遺跡は戦後間もない一九五二年、静岡県登呂《とろ》遺跡、茅野《ちの》市尖石《とがりいし》遺跡などとともに、わが国で最初に指定された国史跡である。当時これらの遺跡は〝日本三大遺跡〟と称され、社会や学界の熱い注目をあびた。いまから五十年前のことである。

平出の史跡指定面積は約十五ヘクタールにもおよび、史跡としては全国でもトップ級の広さである。しかも遺跡の立地する場所はＪＲ塩尻駅の南西約一キロメートル、というよりは駅にほとんど接した、いまでは塩尻市域の中央部を占める土地といってもよい。激しい高度経済成長の時流の中で、よくこれだけの広大な土地が史跡として保存されたものだと、改めて驚くほどである。

塩尻市では数年前から、史跡平出遺跡の本格的な整備・活用計画を進め、一部でその実施段階に入ろうとしている。その基本的な考え方は、歴史を愛する多くの国民にとって、原始・古代の学習の場であり、心の故郷になるような史跡の保護と整備を行うこととともに、広い面積を占める史跡とその周辺の地を、未来に向けた町づくりの中で位置づけ、その地域に住む市民にとって、日常生活の上でも安らぎと誇りを感じることのできるような、総合的な計画としてとり組まれている。

それはまさに五十年前、村民主体で行われた大発掘調査の偉業をひきつぐ、二十一世紀を迎えた塩尻市の〝世紀の大事業〟と讃えても過言ではない。

一人の教師の熱意

いまから五十年前、平出遺跡は現在の塩尻市として合併する前の旧宗賀《そうが》村に属していた。村の中を中山道《なかせんどう》が通り、桔梗ケ原《ききょうがはら》に突出して高くそびえる比叡《ひえ》の山、そしてその山裾からこんこんと湧き出る平出の泉を中心に、古くから居住が営まれた宗賀の村は、信仰と歴史の香りがただよう静かな山里だった。

敗戦直後の一九四六年、村の小学校に郷土史と考古学に造詣をもった一人の教師が赴任してきた。原嘉藤《かとう》さんである。当時三十六歳、意気盛んだった原さんは、こんな就任あいさつをしたと記録に伝えられている。

「学校と地域社会の合作なくして真の教育はない。新しい教育の手はじめとして、地域の歴史的・社会的研究が必要であり、これがひいては村の復興や立村計画に通ずる」と。

原さんのこの信念と熱心な実践活動は村を動かし、初めて二万円という考古学調査費を得て、村民を加えた村内の遺跡調査となった。そして誠に幸運にも、平出の農家が耕作中に偶然掘り出して保存していた〝平出の宝〟ともいうべき古代の遺物が発見されたのである。それは緑《りょく》釉水瓶《ゆうすいびょう》と呼ばれ、奈良時代の都の貴族階級でなければ所持しないような、宝物ともいえる水差しの壺であった。信州はおろか畿内以外の地では未発見の貴重な資料として、たちまち多くの学者が注目するところとなった。そして、平出遺跡発掘のきっかけとなった。

村が立ち上げた学術調査団

これに力を得た原さんや村人の平出遺跡に注ぐ目は熱さを加え、貴重な出土品が次々に見つかり、広い平出の畑は一面に原始・古代の考古学上の宝庫であることがはっきりした。原さんたちは、この上は正式な学術発掘によって平出遺跡の重要性を明らかにする必要があると考え、村当局や議会に働きかけ、東京や地方の学者の協力を求め、ついに一九四九〜五二年まで、大発掘調査団を組織して、五次にわたる考古学史に残る平出遺跡の発掘を完遂したのである。

都からはるばる運ばれた"平出の宝"
緑釉水瓶（長野県宝、平出博物館蔵）

この時に調査に加った学者の名はここで全部をあげきれないほど多いが、考古学を中心に歴史、地理、動物、植物、そして社会学など、総合調査の名にふさわしい各分野の指導的立場の学者が顔をそろえ、そのメンバーは同じ頃発掘が行われていた登呂遺跡のそれに匹敵する。そして発掘の主力を担った学生の中には、その後の学界で活躍する人びとの名が多数みえる。平出の発掘現場はまさに戦後日本考古学発展の揺籃《ようらん》の地であったのだ。

平出遺跡の発掘は宗賀村が計画し、村が調査会と調査団を組織して、村の責任において実施された。一九四九年当時の宗賀村は人口五四九〇名、総予算額は九六二万円であったが、その年一二五万円の調査費を支出した。国や県も相応の補助金をつけたが、大調査団を運営する費用として十分であるわけがない。賄いや労力の足りない分は、全村民の協力と奉仕で補った。

その当時の宗賀村長で自ら調査会々長も務めた花村政温《まさはる》さんは、調査の最終報告書である大冊『平出』(朝日新聞社)の冒頭に短い序文を寄せ、淡々とした文章で、村と村民が主体的にとり組んだ平出遺跡の発掘が「新時代における文化と学術とに貢献しようとする調査会結成の根本精神を少しもゆるがすことなく、今回その終結をみ得たことは誠に欣快《きんかい》の至りである」と述べ、すぐにそれに続けて貴重な農地を発掘のために提供した(その後の史跡指定地としての承諾も受ける)、四十名余の地主に深い感謝の意を記している。報告書には土地を提供した地主さんの氏名と地籍・面積が克明に記録として残されている。

世紀を超えて生きる五千年のムラ

こうして「中央と地方、学者と農民、官民一体となって実施した平出遺跡第一期の調査」（花村さんの序文の言葉）が終わって半世紀の年月が過ぎた。そしていま史跡平出遺跡は、塩尻市民の夢をはぐくむ二十一世紀の町づくりの一環として、そしてそれ以上に半世紀にわたる激流の社会の中で、祖先の土地と歴史を護り抜いてきた平出の人びとの誇りを大切にすることをコンセプトとした、整備計画が進められようとしている。

学校と地域社会の合作、歴史研究を通じて村の未来を考えることを理念として、平出遺跡の発掘を推進した原嘉藤さんの実践には、「信州教育」の哲学と考古学のこころがあった。原さんとともに平出遺跡を護り抜いた宗賀村の人びとは、世紀を超えて時代を見通す霊感ともいえるこころをもっていたと思う。

数百万年の人類史を学ぶことによって、これからの人間の幸せに貢献する学問が考古学だというこころを、史跡平出遺跡の今後の整備・活用と保存計画の中で生かしたい。

（二〇〇三年四月『信州の旅』一二四号、原題「信州の考古学のこころ」）

きらめく黒耀石の町づくり

勇気ある町の決断

『信州の旅』五八号（一九八六年秋）に、私は「石器時代人の宝石の山」という小さな文章を寄稿した。

その内容は、霧ヶ峰山塊の一角を占める、小県《ちいさがた》郡長門《ながと》町の星糞《ほしくそ》峠一帯が、約三万年前の岩《いわ》宿《じゅく》時代から、三千年前の縄文時代の終わりに近い頃まで、鋭利な石器を作る最良質の石材とされた黒耀石の最大の産地の一つであり、おそらく日本列島全体にわたる石器時代の人がまさに石器時代の宝石として渇望し、遠く関東平野や中部圏一円の人びとが、その資源を求めて、谷を伝い、山を越えて分け入った「宝の山」であったこと。

そして八六年の初夏、信州各地を訪れた常陸宮・同妃殿下が星糞峠の麓の鷹山《たかやま》遺跡に立ち寄られて、ちょうどその時、発掘中の赤土の中から出土した岩宿時代の旧石器である黒耀石製石器を手にとられ、その鋭さと美しい輝きに深く感動された様子を紹介した文章だった。もういまから二十年近くも前の話である。

その頃わが国は経済の高度成長期で、石器時代の宝石の山をもつ長門町鷹山開拓地区は、過疎に悩む長門町の活性化政策の下で、町営スキー場の建設や、大手企業の参入したゴルフ場等を含む大型リゾート開発計画が進められようとしていた。

しかし星糞＝黒耀石の輝きと、それがもつ深い歴史の意義に改めて気づいた町の人びとは、文化財や自然を無思想に破壊するリゾート開発の進め方に、ふと疑念を感じた。その時、長門町の町長であった北澤貞利さんが、当時を回顧されて次のような文章を書いておられる。

「(この事業は) いわば町の命運をかけた重要な事業であった。しかしその方向性をさらに問い直すかのように再発見されたのが、事業地において未曽有の石器を出土する鷹山第Ⅰ遺跡である (黒耀石を用いて多量の旧石器を生産した岩宿時代の遺跡、注)。決断はなされた。この地域ならではの遺跡の保存と活用を前提として、調和のある開発計画を推進する。まさに一八〇度の転換である」(『市民と学ぶ考古学』白鳥社、二〇〇三年)

この町長の決断は、自然と文化財を護ることをめざした一地方自治体の姿勢として「長門町、勇気ある決断」と大きく新聞紙上でもとり上げられ、高い評価を受けた。

町と大学の共同事業

町当局は直ちに〝調和のある開発計画〟を策定する基礎資料を得るため、明治大学考古学研究室に協力を求めて、鷹山地域の耕地・山林約二二〇ヘクタールにおよぶ遺跡分布調査を行った。二年間にわたるこの広域分布調査には、学生や地元住民等のべ一千人以上の人びとが参加し、その規模、そして方法と精度の上でも、例をみない画期的な分布調査だった。

その結果、鷹山川とその湿地帯を囲む台地上には、二十カ所近い岩宿時代の旧石器遺跡群、それも黒耀石を原材とする大規模な石器製作址をもつ、全国でも稀な貴重な遺跡群の存在が明らかにされ、さらに一九九一年には全国紙一面トップを飾るほどの大発見となった、世界初ともいえる星糞峠の縄文時代の黒耀石鉱山（採掘址群）が確認されたのである。

北澤さんの回顧録がさらに続く。

「えらいことになった。率直な思いであった。しかしそこには、これこそおらが町の歴史なのだ、という感慨にも似た思いに胸が騒いだことも事実である。勇気ある決断は、苦悩しながらもその真実に突き動かされ、選択せざるを得なかった結論であった」

町長であった北澤さんは公務出張で上京の折など、気軽に大学の私の研究室に寄って下さった。出張の朝早く、近くの山で自分で探したという山の幸を持参されることもあった。そして短い時間だったが町づくり、地域おこしの夢を、自らに言い聞かせるように私に語りかけ、元気に帰途につかれたが、私には町の発展と住民の幸せを一身に背負う、北澤町長の苦悩と責任の重さを感じさせることが多かった。

しかし四期十六年にわたる任期を全うされて勇退されたいま、北澤さんは次のようにも回顧しておられる。

「最後には、やはり、ともに星糞が眠るふるさとを大切にしていこうとする、まさに垣根を越えた心のふれあいが導き出した、一つの道筋であったと思う。不安な思いを抱いたままのスタートであったが、真に自立自助を基調とした〝長門らしさ〟を損うことのない地域づくりの始まりであったといえよう」

黒耀石のふるさとづくり

やがてバブル経済が崩壊し、リゾート開発も破綻した。そして鷹山地区には高原野菜の広い農地と緑につつまれた山林、その地下に埋もれた岩宿（旧石器）時代の大遺跡群や、星糞峠の縄文大鉱山跡が豊かな自然とともに残された。私たちにとってかけがえのないそれらの資産を、これから先どのように保護し活用していくかという試みが、いま着実に進められつつある。

黒耀石のふるさとに並び立つ「黒耀石体験ミュージアム」（左）と「黒耀石研究センター」（右）

一つの地方行政組織である長門町と、一つの研究・教育機関である明治大学は、二十年近くにわたる鷹山遺跡群の共同調査で培われた、協力関係と信頼の実績を相互に確認し、二〇〇〇年四月「黒耀石研究活動の共同推進に関する協定書」に調印した。一自治体と一私立大学として例のない協定といえよう。

それにもとづいて、大学は町から用地提供等の支援を受けて「明治大学黒耀石研究センター」を、すでに現地に開設し、全国の研究者に呼びかけて共同の総合研究に着手している。来年（二〇〇四年）度中に国際シンポジウムの開催も準備している。

一方、長門町は地域住民や広く日本中の一般の人びとにも、歴史遺産としての、また町の宝ともいえる黒耀石の大切さと、その研究の面白さと重要さを、身をもって体験し理解してもらうことのできる、ユニークな構想と機能をもった博物館施設、「星くずの里　黒耀石体験ミュージアム」を、二〇〇四年夏にオープンさせるべく、いま急ピッチで建設工事を進めている。

黒耀石の産地としてその名も古い星糞峠の眼下に並び立つ、近代的な「研究センター」と「展示体験館」は、それぞれが別個に機能するのではなく、最新の学術研究を推進し、その成果を社会・一般市民へ還元するという一体の活動が展開されるはずである。それは大学と地方自治体、研究と行政、そしてより大きく学問と社会の結びつきを通じて、新しい研究や教育の創造、地域住民の未来への向上につながる実験として注目されなければならない。

もう二十年近くも前、「勇気ある決断」をした、ときの町長北澤貞利さんの夢、町を思うこころは、着実に二十一世紀の地域づくりの道筋を示しているものと信ずる。

（二〇〇三年十月『信州の旅』一二六号）

地域に根づく歴史への愛着

生まれた土地に生き抜く

昨年（二〇〇二年）の十月はじめ、八ヶ岳の峰々にもう白雪が見える野辺山《のべやま》高原で、「野辺山旧石器研究五十年を振りかえる」と銘うったシンポジウムが、県内・県外の研究者や一般の人びと多数が集まって開催された。

この日パネラーとして発言席に座ったのは、由井茂也《ゆいしげなり》さん九十七歳、由井明《あきら》さん九十歳、土屋忠芳《ただよし》さん八十五歳、一番若かったのはそろそろ還暦の年に近い鈴木忠司《ちゅうじ》さん、それに古稀の誕生日を十日後にひかえた私であった。その年齢を足しただけでもかなりの数字であるので、ある参加者が「五百歳シンポジウム」と説明した。

二人の由井さんは野辺山原をその一角に占める、千曲川《ちくまがわ》最上流部の川上村の生まれで、その故郷を愛し続けて永い人生をこの土地とともに生きてきた人。そして二人ともずっと昔から、野辺山に住んだ石器時代の人びとの遺跡や遺物を発見することによって、自分たちの土地への愛着と、生きることへのロマンを追い求めてきた。

それもびっくりするほど古い頃からのことで、明さんのもっている石槍《いしやり》という旧石器には、大正十三年という採集年月日が記されているものがあるという。以来二人が集めた石器や土器は、それだけで小さな博物館ができるほど多く、それらの中には戦後に始まった中央の学界での岩宿時代（日本の旧石器時代）の研究史の上で、新発見の石器として注目を浴びた、馬場平《ばばだいら》遺跡の石槍、矢出川《やでがわ》遺跡の細石器《さいせっき》など貴重な資料がたくさんあった。

若い頃から人知れず考古学にとりつかれた二人の由井さんであったが、茂也さんは戦前から貧しい地域の人びとのために、若い情熱を農民運動にうちこみ、戦後の一時期は村会議員として、村の広大な山林の権益を、大企業から村民の手に守り通すために、ただそのためだけに村長選に立候補してたたかったこともあった。そして定年を迎えるまで陸運会社の職員を勤めながら、考古学と地域の歴史への愛着だけは終始失うことがなかった。

もう一人の由井さん、明さんは終生、農民の生活に徹してきた。高冷地の厳しい環境の中で土地を耕し、暇をみつけては野辺山の荒地を歩き続け、知りつくした土地の畑であれ荒野であれところかまわず歩きまわり、その土地に太古から生活を残した貴重な祖先の遺跡や遺物があることを知って、自分たちの住む土地への愛着を深めていった。明さん、そして茂也さんの採集が大正年間にさかのぼるということは、前記した通りである。

野辺山原の開拓と細石器

標高一三〇〇メートルを超える野辺山高原は、戦前は一面の原生林におおわれ、その高冷な気候は人びとの生活を容易に許さなかった。わずかに、ある時期から旧陸軍の演習場の施設ができて、旧満州など極寒の戦場におもむく兵隊の訓練が行われた。演習場で鉄砲かついで行進する隊列の、柵をへだてた外の野原を鹿の列が並んで進む光景をしばしば見たと、二人の由井さんから聞いたことがある。

敗戦とともに多くの海外からの引揚者が入植して、文字通り血の出るほどの苦労を重ねて開拓をはじめた。私たちが矢出川遺跡の調査のために野辺山に行くようになった昭和二十年代の終わり頃でも、開拓民の生活は「本当の裸一貫、家といったら原始時代を思わせるような住い。カヤを刈り集めて三角屋を作り、その中に住んでいたのだった」(『野辺山開拓二十年史』より)。

こんな懐古話も同じ本に記録されている「次男と長女は電灯をはじめて見るので、コタツの上に明るくぶらさがっている電球にかわるがわるさわって、こんだチイネエ(もう消えないの意）と何べんもくり返した」。

はじめての調査の時（一九五四年）、私もある家でお茶をごちそうになったことがある。土間におかれた手作りの腰掛に座ってまわりを見ると、丸太を重ねた壁の隙間から外の光がいっぱいさしこんでいる。冬の寒風をどうやって防ぐのだろうかと思いながら、野辺山の人びとの並々ならぬ苦労をしのんだことをよく憶えている。

開拓時代の野辺山の情景

野辺山はいまは超近代的な宇宙望遠鏡のアンテナ群が林立し、観光地として、また高原野菜の大産地として人びとの生活をうるおし、考古学の分野でも「旧石器の里」と称せられるほど有名であるが、そうなる基礎には野辺山を拓いた人びとの苦闘の歴史があったのだということを、そこに足を運ぶごとに私は強く想い起こす。

シンポジウムのパネラーのお一人である土屋忠芳さんも開拓者の一人だった。一九六〇年代の中頃、二十年ぶりに私が野辺山を訪れた時は、まだプレハブの建物が多かったが、新しい住居や作業小屋、そして農耕用の重機や車輌も導入され、レタスなど高原野菜の大産地として発展を続けていた。

土屋さんは毎日の畑作業の時でも、新しい農地の開墾の時でも、地表面に顔を見せる石器を一つも見逃さず、熱心に採集とその整理と保管に精をつくした。野辺山の遺跡群を代表する石器は細石器と呼ばれる幅数ミリ、長さ二センチ前後の、文字通り細かい石器が大部分であるから、畑仕事の合間にそれらを探し拾うことは容易ではない。

それにもかかわらず私がはじめて見た「土屋コレクション」は、菓子の空箱などにきちんと並べて二、三十箱、それまで眼にしたこともない量とすぐれた質の石器群だった。

地域の人びとも参加した総合調査

これらの石器群は広大な野辺山原のあちこちの地点から拾い集められたもので、この地域が日本最大、ことによると世界でも調査例のないほどの細石器文化の密集する遺跡群だと直感できた私は、土屋さんや由井さんらに相談し、まだ豊富に残されていた自然環境の調査もふくめて、学際的な総合研究の企画を立てることにした。

「八ヶ岳東南麓における洪積世末期の自然と文化」と題する総合調査は、一九七九・八〇・八一年の三カ年にわたって行われた。全国の大学・研究機関の専門研究者約百人が集い、二人の由井さんや土屋さんはじめ地域の多くの人びとが、たくさんの学生たちと合宿して、考古学や地質・生物学などの専門家の話を聞いて勉強し、自由に意見を交換し合う〝大教室〟が野辺山に出現したのである。

　土屋さんの丹精こめて作った新鮮なレタスやキャベツなどが毎食豊富に提供され、夜食には由井明さんなどが力をこめてねりあげた、地元の名物ほうとううどんを味わいながら、地域の歴史にみんなが耳を傾けるなど、研究者と地域住民が一体となってとけこむ、地域研究のすばらしい実践となった。

史跡になった矢出川遺跡

　こうした経験と成果にもとづいて由井茂也さんは、野辺山の分布調査を指導した京都女子大の卒業生（多くはすでに主婦になっていた）とともに、『川上村誌―先土器時代』という大著を刊行した。学界でも注目された高い水準の研究書であった。

また土屋忠芳さんはつい先頃、永年にわたって集めた貴重で膨大な数に上る採集石器を、村の歴史遺産として活用することを願って、全点を地元南牧村《みなみまき》に寄贈した。

矢出川遺跡は一九八六年国史跡に指定された。わが国最初の細石器文化遺跡として発見されてから三十三年後のことである。そして昨年十月に〝五百歳シンポ〟と称された、「野辺山旧石器研究五十年」の会合があった時、私は久しぶりに遺跡を訪れた。しかし目にうつった光景は、広い野菜畑の中にとり残された〝荒地〟でしかなかった。

半世紀におよぶ長い間、学問の世界に貢献し、地域を愛する人びとの夢をつなぎ、多くのこころを育ててきた史跡が十分な整備・活用の手も加えられず、このままでよいのかと怒りを覚えた。そして忘れ難いものが失われていく時代の流れを悲しく思った。

（二〇〇三年七月『信州の旅』一二五号）

縄文に近づく御柱

地域の人びとの更新を願う祭

数えで七年に一度の諏訪大社の御柱《おんばしら》祭がいよいよまた来年(二〇〇四年)にやってくる。このところ数回の御柱祭は、観光ブームにものり、地元の官・民あげての盛り上がりもあって、諏訪の御柱祭はその勇壮さと豪華さの点で、奇祭としての知名度は全国区で鳴り響いているといってもよい。

すでに秒読みの準備段階に入った地元で、いままでとはちがった一つのかけ声が人びとの間で叫ばれている。それは来年の御柱祭は「二十一世紀最初の御柱祭」だというキイワードである。

もともと七年一度の柱建ての祭事は、諏訪大社の社殿の式年造営(定期的な改築・改修)にともなう、あるいはその表徴的な行事とされているが、その祭事に諏訪一郡の住民があげて奉仕する、というよりは住民がある意味では主体的にかかわってきた背景と意義については、「柱を建て替えるということは、祭りに従事する人びとの信仰圏を確認し、そこで生活する地域の時間と秩序を更新するためであった」とよく説明されてきた。

事実、諏訪の人びとは諏訪大社の氏子であるという連帯感をもち、村単位、部落単位に末社を祀り、それを通じて諏訪信仰に奉仕することを、長い時代を通じて誇りとしてきた。そして七年ごとの大祭を、家の生活や個人の生涯の中で一つのけじめをつける画期と意識していた。御柱が終わったら結婚する、家の増改築を行う、あるいは次の御柱の前までにこの仕事を仕上げる等々、人さまざまな目標を立てて、御柱祭の年は諏訪人みんなが、それぞれに盛儀にエネルギーを集中したのである。それはまさに地域と人の連帯や生活の更新を願う諏訪人の信仰であったのであろう。

御柱フォーラム

「二十一世紀最初の御柱祭」を来年に控えた今年（二〇〇三年）九月二十七・二十八日、LCV主催、諏訪市博物館共催の「御柱フォーラム・巨木建立——古代柱祭と巨木文化」が、諏訪の全市町村や県教育委員会、諏訪大社など関係機関、報道各社の後援の下に、諏訪市文化センターの大ホールで盛大に開催された。このフォーラムの趣旨は次のように説明された。
「諏訪地方は太古より、諏訪大社を中心に悠久の歴史を刻み、多くの歴史的文化遺産を今に残しています。長い伝統を誇る御柱祭は、世界や日本の各地で行われてきた、柱祭の代表として貴重な民俗行事です。このフォーラムでは考古・民俗・建築・芸術など多面的な視野により、柱祭のルーツと巨木文化の真髄に迫り、諏訪の御柱を考えます」（リーフレットより引用）

よく知られるように諏訪大社は信仰・神事や、伝説・伝承等どの点からみても、日本の神社の中では最も古態を多く残すといわれる。一方、諏訪地方は日本列島の中でも、他に優れた縄文文化の遺産を残した地域である。このことをふまえて、このフォーラムに参加されたいずれも著名な学者のコンセプトは、「諏訪大社の御柱はどこまで縄文に近づくか」というものであったといってよい。

第一日目の基調講演「天空の星と巨木――柱から見える縄文世界」を講じた小林達雄さん（國学院大學教授）は、全国の縄文遺跡を調査した豊富な経験をもとに、自然との共生を重んじた縄文人の信仰に迫り、巨木建立や石のモニュメントなどが、自然界に対する人間世界の存在を示す境界として、縄文人の頭の中にある世界観を形にしたものだと説いた。そして縄文以来頭にしみついた文化的遺伝子が諏訪信仰に多く残り、その一つとして巨木建立＝御柱があると推察した。

森浩一さん（同志社大学名誉教授）の「日本海地域の巨木文化――古代の流通と柱信仰」では、縄文巨木文化が日本海沿岸地域に発達した背景に触れ、それが姫川《ひめかわ》流域に唯一国内での原産地をもって、縄文時代から生産されたヒスイの珠《たま》の全国への流通とともに、巨木文化も各地にひろがったとした。そればかりでなく縄文の巨木文化の伝統は出雲大社の社殿に残り、諏訪大社の御柱とも深い関連があるだろうと説明した。

宮坂光昭《みつあき》さん（諏訪考古学研究会々長）は、諏訪神社の考古学研究に最初にとり組んだ故藤森《ふじもり》栄一《えいいち》氏の直弟子である。一九七六年に原村《はら》阿久《あきゅう》遺跡で発見された、当時謎の発見、「方形柱穴列《ほうけいちゅうけつれつ》」を巨木建立の跡であるとはじめて仮説を述べて以来、諏訪信仰と縄文信仰の結びつきを研究してきた長い体験を語り、その講演の題名はずばり「御柱は縄文時代から」だった。

柱立て信仰の歴史と世界

フォーラム二日目のシンポジウムでは、先の講演者の他に三人のパネラーも加わって、活発な意見の交換が行われた。

建築学の宮本長二郎さん（東北芸術工科大学教授）は、神社建築史の立場からみて、諏訪大社の神殿は非常に原初的な古態をもつことが改めて確認されること、最近発見例が増えた縄文あるいはそれ以後の建築の遺構や出土材から推測して、古態の神社形態と近いものがある可能性が予測できると考えている。

御柱祭に熱中した岡本太郎さん（みなとや旅館提供）

松本岩雄さん（島根県立博物館学芸課長）は、数年前の出雲大社の改築工事の際行われた発掘で、直径三メートル近い巨大な木柱が発見された驚異の情報を詳細に紹介され、さらに弥生・古墳・古代にいたる各時代に、巨大な木柱を用いた建物跡のある特殊な性格をもつ遺跡が、島根・鳥取など西日本各地で相次いで発見されていることを指摘して、巨木建立の信仰や風習が、古くから歴史的につながっていることを示唆された。

ただ一人、民俗学の立場で加わった田中基さんは、柱立ての信仰は世界各地にあるが、それらの民俗をふくめ、とりわけ諏訪の御柱が、縄文時代の信仰・民俗と強い共通性があることを強調された。

岡本太郎さんは縄文土器に接してその芸術的エネルギーの根源となし、御柱祭に縄文人の姿の再現を感じ、祭りに参加して地元の人びとともに爆発し、縄文と諏訪をこよなく愛した芸術家として知られる。

岡本敏子さん（岡本太郎記念館長、二〇〇五年没）は今度のフォーラム冒頭の記念講演で、「御柱祭には縄文人が満ち満ちている」「諏訪の歴史を語らずして日本の歴史は語れない」といった太郎さんの心情や思い出話、エピソードなどを語りながら、土地の人が中心になって長い歴史の伝統の中で作られてきた祭りだからこそ、御柱祭は素晴らしいのであって、これからも縄文以来の地域の生活のこころを生かした純粋で素朴な祭り、その根源の意味を再現していく努力こそ、これから後、千年も何千年もこの御柱祭は輝いていけると話を結んだ。

二日間の御柱フォーラムのコーディネイターを務めた私は、祭りの根源をより究め、諏訪の人と地域の絶えざる更新と発展を目ざす「御柱学会」（仮称）の設立を呼びかけて、その幕を閉じた。

（二〇〇四年一月『信州の旅』一二七号）

「山の神」自然の中に生きる

国営公園の中の重要遺跡

いま国土交通省の主管で大規模な建設工事が進められている「国営アルプスあづみの公園」の大町・松川地区の計画地の中で、数年前、長野県埋蔵文化財センターが発掘調査を行い、山の神遺跡と名づけられた縄文時代の重要な遺跡が発見されて、考古学界の大きな話題になった。

その遺跡が残された年代は縄文早期（約八千年前）という古さであるが、それは約一万年間にわたって繁栄を続けた縄文時代の中で、「縄文的生活」とされるその後の日本文化の基層が、日本列島の各地で確立された時期であったと位置づけられている。

その意味で山の神遺跡は、北アルプスの山麓の豊かな自然に恵まれた安曇野《あづみの》に、まず最初に定着した私たちの直接の祖先の最大の生活拠点の一つとして、重要な歴史的意義をもつ縄文のムラだったのである。

そのことに加えて山の神遺跡では、全国的にみても例の少ない特異性を示す発見があった。その一つは「トロトロ石器」と通称される石器（「異形部分磨製石器」という考古学用語もある）で、その特徴や性格をここでくわしく説明する紙幅はないが、九州から東海・中部にかけての西日本の広い地域に、現在までに数カ所の遺跡から八十点の出土例しかないという、きわめて稀少で珍奇な石器である。

用途も不明で、形態や製作技法等々の点からみても神秘的な存在といえるこの石器が、山の神遺跡では全国の出土例の半数をこえる四十一点も、この一遺跡だけからまとまって発見されたのである。

その〝神秘的な石器〟の大量存在とともに注目されるのは、古い縄文期の山の神ムラの中心部には、浅い穴を掘ってそこに大きめの石を十数個も集めた「集石遺構《しゅうせきいこう》」や、石を方形またはコの字形の列状に立て並べた「石列遺構《せきれついこう》」が残されていた。こうした遺構の用途や性格も正確には解明されていないが、縄文ムラの日常生活の遺構として存在する竪穴住居址《たてあなじゅうきょし》や炉址《ろし》にくらべて、非日常的というべきか、いうなれば信仰的な要素をもった特異な性格の施設であったことは間違いない。

縄文人の祈りと山の神信仰

ところで山の神遺跡の名は、その所在が住民の間で古くから伝えられてきた付近の地名「山の神」に由来する。そして事実、遺跡の中心部からほど遠くない場所に、いまでも地域の人びとの信仰をつないできた山の神の祠《ほこら》が鎮座する。

山の神は民俗学上よく知られるように、日本でも最も古層（相）の民間信仰である。山を生業の場とする狩人や木こりなどの人びとが、豊猟の祈りと安全の感謝をこめて山の自然を信仰した。山の神遺跡が残された縄文早期といった古い時代、縄文人たちは多くの石で築いた祭壇で、神秘な「トロトロ石器」を手にかざして山の自然を讃えたのであろう。

縄文時代よりもっと新しい時代、古代や中・近世、さらにいまの時代に至っても、地域の農民は山の神が春になると里に降って田の神になると信じ、祈りと祭りを絶やさない。こうして山の神の信仰は自然と人びとの生活の歴史の中に、縄文以来脈々と生き続けてきたのである。

十年ほど前のこと、発掘中の山の神遺跡の現場を訪れたことがある。当時未知で不思議な「トロトロ石器」を手に、これも不可解な方形の石列遺構の真ん中に立って、ふと木の間隠れに眼近かにそびえるアルプスの壮厳な峰を仰ぎ、白い花崗岩の巨石を噛んで流れる乳川《ちがわ》の清流の音に耳を澄しながら、この山の神遺跡は古い縄文の人びとが雄大な自然と共生し、縄文的生活の基盤を築いたことを記念する、歴史的モニュメントであるなどと直感した。

豊かな自然と歴史遺産

二〇〇四年秋、大町市を会場にして「国営アルプスあづみの公園づくりと文化財の活用」をテーマとする集会が開催された。私もそれに参加して数年ぶりに山の神遺跡を訪れる機会をえた。

公園建設工事はかなり進んでいて、遺跡の中心部には調査当時、保存状態が最もよかったとされるコの字形の石列遺構一カ所だけが、周囲を削りとって壇のようになった上にわずかに残されていた。周辺の地形は工事で改変され、以前に来て感じた壮厳な自然の中にたたずむ縄文時代の歴史的記念物としての面影はまったく感じられなかった。

しかし形骸のように残された遺跡を離れ、すぐ近くを流れる乳川にそって林の中を曲りくねって通る細い道を行くと、そこには別天地のような、岸辺の草をゆらしながら河床の石を噛んで豊かな清流が走り、これこそが〝縄文の森〟だといいたいような美しい雑木林が、視野の続く限りひろがっていた。おそらく山の神遺跡に住んだ縄文人が山の幸を集め、山の神が宿る森と自然を神そのものと信じた景観の一つにちがいない。

“縄文の森”だといいたくなる乳川の支流・砥沢の流れ

雑木林の道を一キロほど歩いて、里山農村の風景を残す現在の村の見えるあたりに来ると、眼をみはり胸を強く打つ歴史遺跡に出合った。それはいまから約一九〇年前（江戸後期のはじめ、文化十四年）、近くの村人たちが乳川の洪水から村の田畑を守るため、村人独力で共働して築きあげたという「乳川石堤」である。部分的な調査ではあるが、石堤の底面の幅八メートル、高さ五メートルで、村人たちが大小の石を運んで築きあげ、その総延長は約二八〇〇メートル以上に達するという。

この石堤が作られた時代は縄文の山の神遺跡と数千年の距りがあるが、自然との共生を願う山の神信仰、現世的にいえば自然を大切にし、かつそれと共生する心情が生み出した文化財＝歴史遺産として、相通ずるものがある。

〝未完成な公園〟を残そう

過日に行われた大町市での集会で、主催者の長野県埋蔵文化財センターは、計画地内のすべての文化財を自然とともに活用し、そこの自然と歴史がいつまでも生き続ける公園づくりを提案した。

この提案に応えて、フォーラムのパネラーとして発言した考古学・地域史・自然科学の学者たちは、すべての人びとがこの地で学習し、それぞれの分野に即したなんらかの共同の営為を継続的に積み重ねる中で、長い時をかけて〝あるべき公園〟を少しずつ作りあげていく、いうなれば、永久ともいえる未来までみんながその土地にかかわっていける〝未完成な公園としての公園づくり〟が望ましいと、口をそろえて同じ意見を述べた。

そのことを実現するための方策は簡単ではない。しかし集会では工事部局と行政関係者もこうした意見に前向きに耳を傾け、フォーラムの司会を務めた私は、かねてからあちらこちらで主張してきた「動く博物館構想」を話し、その上で「今日のパネラーのみなさんの意見こそ、新しい二十一世紀の公園づくりの理念である」と、その集会での討論をまとめた。

（二〇〇五年一月『信州の旅』一三一号）

閑話休題・信州そばの食べ方

私は「食通」でもないし、縄文以来の日本人の食べ物といわれるそばについて特別に知識があるわけではない。しかしそばを食べることは好きで、二、三日の短い信州の旅の中でも、一食はそばでいこうという気持ちになる。そればかりか、たまに研究や仕事で仲間に信州での案内役を買って出た時には、どこかでうまいそばをごちそうしてやりたいと躍気になって店をさがす。幸いなことに、私がごちそうしてやったそばの味は、いまのところ概して評判がよい。

ところでそばのうまさにはいろいろの条件があるようだ。そばの打ち方やゆで具合、つゆの味。それになんといっても原料が純国産かどうか、とくにそれが信州産なら最高、そのうちでも新そばの風味は絶品などと、そば通の口は肥えている。

残念なことに、私にはそんなにさまざまなうまいそばの要件を、細かく吟味する舌はないが、一つだけ確実にこれはうまいと感じさせる食べ方のコツを指摘することができる。

＊

もうどのくらい前のことだろうか。今は木曽路の町並み保存の宿場町として観光客で賑わう妻籠《つまご》宿が、まだ人影もまばらな文字どおりさびれた町並みの頃だったから、おそらく三十年以上前の話である。

たまたまそこを歩いているうちに昼の時間になった。ふとみると一軒の「生そば屋」があった。そっと店の中に入ってみると他の客はだれもいない。いぶかしみながら「もりそば二枚」と注文した。すると店のおやじさんが「お客さん、二枚一度に食べるのかね」と聞く。意味がよくわからなかったからしばらく沈黙していると「一枚食べ終わったらまた注文したほうが、うまいそばが食べられるぞ」といった。

それから二十分近くも待たされてようやく一枚目のもりそばが出てきた。もちろん手打ち、それも注文してから粉をこねて作ったものだ。つゆはダシもよくきいていないような素朴な味だったがうまかった。

食べ終わると二枚目を注文した。また十分ほど待たされた。一枚目のもりそばで空腹が一定程度満たされた後なので、二枚目のそばを味わう余裕ができたのか、一枚目とはちがう味わいがあったような気がした。

＊

今、信州路を車で走ると、いたるところに〝本手打ち信州そば〟の店が立ち並んでいる。老舗、名店として知られる店も多い。だがある時、通りがかりに寄った構えも立派な古風な店で、出されたもりそばをのせた簀子《すのこ》の下の皿の底に、水がいっぱいたまっていて、せっかくの手打ちそばがぐったりとのびていた。実に味気ない思いをさせられた。

また最近、ある立派なホテルを会場とした会議の後で、そば定食を食べた時、見栄えのいい器に他の料理と一緒に盛られたそばは、箸ではさむとちぎれるような、のびきったそばだった。こんな食べ方をさせては「信州そば」の名声が地に落ちる。

三十年前の木曽妻籠宿での頑固そうなそば屋のおやじさんの顔が、なつかしく思い出されるのである。護るべきものは護り通す頑固さが、いま信州には改めて必要なような気がする。

（二〇〇一年七月『信州の旅』一一七号、原題「そばの食べ方」）

「中山道」小さな村の大きな夢

歴史の街道、中山道

日本歴史のいろいろな時代を通じて、国中に鳴り響くような話題をもった、信州の歴史遺産をいくつかあげよと問われたら、かなり多くの人が中山道《なかせんどう》（そしてルートは幾筋か変わったが、中山道の前身ともいえる東山道《とうさんどう》）をあげるにちがいない。

中山道（東山道）は広大な領域と、盆地ごとに複雑な地域にわかれる信州の、人や文化が南北・東西に行きかう経路であったし、それ以上に古来から、日本列島の歴史が東に西に激動する時の、政治や文化の動脈の一つでもあった。

「木曽路はすべて山の中である」という有名な書き出しではじまる島崎藤村の『夜明け前』は、幕末の大きな時代の動きを、中山道を舞台として歴史のロマンに描く大作である。そのヤマ場の一つをなす皇女和宮《かずのみや》の江戸への旅は、木曽から下諏訪宿を経て、街道一の難所とうたわれた和田峠を越えて和田宿に至る。

その和田宿の本陣が昨年（一九九一年）春に復元工事が完成して一般公開された。私たち（文化財保存全国協議会諏訪大会参加者約五十名）は、復元された本陣などを見学するため、六月末に和田村を訪れた。

村人が掘り起こした中山道

まず旧中山道を見学するため、旧中山道が和田の谷から峠に向かって、ちょうど急な登り道にさしかかる男女倉《おめぐら》口から、狭い石ころだらけの古道に足を踏みいれた。道の両側は熊笹やブッシュが生いしげる急な谷の斜面で、おそらくそのまま一夏過ぎれば、中山道の古道はふたたび深い熊笹の下に埋もれてしまうだろう。

事実、いまから約十年ほど前、和田村が旧中山道の再現をめざして調査にのり出す前まで、古い絵図にだけ描かれた古道は、まったくの「藪の中」だった。村の教育委員会でこれまで文化財係長をつとめた上原茂さんは、歴史の専門家でも考古学者でもなかったが、はじめからこの古道再現の仕事に情熱をかたむけた。古絵図や地形図をたよりに、熊笹を刈り払い、時には堆積した土砂を発掘して、一メートル、二メートルと古道のルートを実地にさがし出していっ

掘りだされた旧中山道・和田峠への道（和田村教育委員会による）

た。見事な石畳《いしだたみ》の道、見知らぬ小さな石仏や、旅人がしばしの休息をとった仮小屋（休小屋、お助け小屋）跡の石積みも見つかって、歴史へのロマンは日毎にかきたてられていった。

こうして十年に近い上原さんを中心とした村の人びとの努力によって、長い間埋もれていた、和田峠の頂上から麓にいたる中山道の古道は、ほとんど完全に再発見された。いま深い林の中の古道をそぞろ歩くと、過去ここを通って史上に名を残こした人、さらに多くの名もない人びとが運んだ歴史の匂いを、ひしひしと肌に実感することができる。

私たちが訪れた日、案内の役を受けもってくれた上原さんの説明によれば、再現された旧中山道には、夏休みに入ると村内の小・中学生や村民有志が集って、峠から麓までの古道ぞいに草刈りやゴミ拾いを、村の年中行事として毎年行い、村民あげて「歴史の道」の保全にとり組んでいるという。そしてこのような努力がみのって、再現された中山道の古道全体四・七キロメートルは、全国ではじめて国の史跡に指定された。

　私たちにこう語る上原さんの顔は、大きな仕事をなしとげた自信と誇り、そしてなによりも歴史のロマンに酔ったような喜びに輝いてみえた。ちなみに、お年の若い割に髪の薄い上原さんであるが、和田村の村長をはじめ役場の中でも、村民の間でも「うちの上原教授」と敬愛の情をこめて呼ばれている。ほんとうにその風格があると私も思う。

和田宿本陣の復元と宿場町保存

　峠の古道をはなれた私たち一行は、旧中山道をバスの左右の窓に眺めながら、国道一四二号を、和田宿のある村の中心部に向かった。長野県の中央部の山村である和田村は、鉄道駅との交通はＪＲのバスに頼っている。国道を行くと所どころに停留所がある。それが一つひとつ形の違った小さな待合所を備えている。茅葺の民家風であったり、お堂であったり、屋敷門風であったりで、村が金を出して和田村古来の建物を模してわざわざ作ったものだという。そういえば最近になって新築した役場や消防署、交番などの公共施設にも、それぞれ歴史的風情を伝

旧和田宿の復原全景図（和田村教育委員会による）

える設計が加えられている。

旧中山道にそった村の中心部に入ると、一戸一戸の家はかなり改変されて、著名な木曽妻籠《つまご》宿などのような原状のままの町並とはくらべようもないが、軒先には村が提供した古い屋号を書いた看板が、どの家にもかけられている。村は居住者の同意を得て、年に一、二軒ずつ長い年度計画の下で、道に面した部分だけでも、旧宿場町にふさわしい形に復元・改造していくことになっていて、すでに旧状を比較的よく残す民家二戸を、国の「歴史の道」保存整備事業の補助を得て、ほぼ完全に復元している。

この事業の最大の計画の一つが、昨年春完成した旧本陣長井家の復元であった。長井家の屋敷は最近まで村役場として使われていたが、それは慎重に調査の上、記録を完全に残しながら解体し、旧本陣当時の旧材は釘一本にいたるまでていねいに保存された。解体後の建物跡の敷地は全面が発掘され、礎石や溝などが旧本陣建築当時の姿のままで再検討されて、復元工事の設計案が作られた。

こうした基礎的な検討の後、一九八七年に着手した工事は、すべて古い技術をもった職人の手作業で進められ、その間、古い建築材の不足を補う新材の選択や着色、現在ではまったく一般には使われなくなった壁材の調達等々、二、三百年の歴史を超えた旧本陣の完全な復元は、並々ならぬ苦労の連続であった。復元のための調査から完成までに五カ年間の年月と、かかった費用は二億円に近い額に達した。

そして復元された旧本陣や民家、さらに村内を通る旧中山道のほとんどすべてが、先の峠の古道に加えて、昨年五月、国史跡に追加指定された。その総延長はじつに八キロメートルを超えるという、未曽有の指定史跡となったのである。

全村歴史公園化構想

「歴史の道」中山道保存整備事業に、村あげてすでに十年余の歳月と、多額の予算を投入し、これからもその事業をさらに発展させようとしている和田村は、全村の九五パーセント以上の面積が山林である。その山林を生活の大半のよりどころとして、かつては五千人近い村民がいた。しかし日本経済の高度成長のもとで山林業は切りすてられ、現在の人口は盛時の半数近い二七〇〇人という超過疎村となった。「歴史の道」にかけた過疎の村の大きな事業は「全村歴史公園化構想」と銘うつ、まさに「村おこし」にかけた大きな夢でもあったのである。

大資本が土地を買い占め、レジャー施設ができ、地域とは異質な人と文化が流れ込んで、自然も歴史遺産も、そして村民の土着の生活もこころも破壊されるといった図式の、どこにでもある安易な過疎対策＝村おこしとはちがった哲学と実績が、和田村の「歴史の道」の事業にはある。

この「哲学」はここ二、三年で具体的な村おこしの成果を生み出さないとしても、遠くない将来に必ず、小さな村の大きな夢として花を咲かせ、過去の中山道がそうであったように、歴史の新しい時代を切り拓く大切な宝になるにちがいないと信ずる。

（一九九二年四月『信州の旅』八一号）

高速道の下敷にある信濃古代史の遺産

自然と歴史に調和する開発を

諏訪盆地から塩嶺《えんれい》トンネルで松本平に抜ける中央自動車道長野線が、一九八八年三月松本、同年八月豊科《とよしな》まで完成する。この線の早期開通は長野県民の悲願であった。

しかしその「悲願の高速道路」ができてはみても、無秩序な開発によって美しい自然や環境が汚染され、破壊されてはならない。そして環境とともに歴史も文化も破壊される現象を、少くとも信州の地では見たくないと願う。

昨年春、豊科インター予定地の豊科町へ調査で行った時、豊科町長さんが「インターで降りたドライバーを、昔通りの美しい安曇野《あづみの》の自然と、雄大な北アルプスの景観で迎えられるように、インター周辺の開発を厳しく規制する方針です」と話された。立派な見識だと思う。車で信州入りの機会の多い私も、そんなインターに早く降り立ってみたい。このような良識が、大多数の信州人のほんとうのこころではないだろうか。

ところでその信州人なら、高速道路建設という世紀の大工事で掘り返された、膨大な量の埋蔵文化財のことを忘れるわけにはいかないだろう。

先に完成をみた中央道西の宮線は、諏訪から伊那谷へかけて、「縄文王国信州」の真髄ともいえるさまざまな貴重な歴史的遺産を、これでもかこれでもかといいたいほど地元の人びとだけでなく、日本中の人びとに見せつけた。考古学の学説の変更を迫り、日本歴史に新たに書き加えられるような大発見が続々と行われた。

信濃古代史の中枢地帯を掘る

一九八〇年から本格的にはじまった、塩尻・松本・豊科にいたる三十キロ余の路線の下にも、予想をはるかに超える、じつに驚異的ともいえる生まなましい信濃古代史の歴史遺産が埋もれていた。

古来、松本平は信州の文化、経済、政治の中心と目されていた。塩尻市柴宮《しばみや》の銅鐸《どうたく》や平出遺跡の緑釉水瓶《りょくゆうすいびょう》、信州最古といわれる松本市弘法山《こうぼうやま》古墳などの考古学上の資料、さらに古い文献にみる信濃国府の存在。ずっと時代が下って、あの国宝松本城（深志城）に表徴される幕藩体制下の松本の地位などは、松本平が信濃史の中に占める歴史的な意義の片鱗を教える証拠の一端であったといってよい。

しかし松本平を形成した自然地理的な営みは、盆地の周縁の山麓や山裾に残されたわずかな考古学上の資料以外、その多くを奈良井川や梓《あずさ》川、その他無数ともいえる大小河川が活発に運んでくる砂礫や土砂によって、扇状地の地下深く埋めてしまっていた。松本平の低地部の砂礫をとり除いて、その下に埋蔵されている歴史的遺産に、学問的な調査の眼が注がれるようになったのは、まだここ十年足らずのごく最近のことだったのである。

塩尻市に本拠を置く長野県埋蔵文化財センターの、六十名を数える若い調査研究員たちは、一九八八年度岡谷―豊科間供用開始という、県や道路公団の「至上命令」を受けて、「松本平に信濃古代史を明らかにするための大トレンチ（調査用の溝）を貫通させる」というスローガンをかかげ、二年間にわたる、文字通り泥と汗にまみれた犠牲的な努力を重ねた。常識では不可能に近いと考えられた広大な面積の発掘を行い、目標を達成した。そしてその結果、まさに「信濃古代史を書きかえる」といわれるほどの、じつに目をみはるような考古学上の成果をもたらした。

吉田川西遺跡の墓に副葬された緑釉陶器（長野県埋蔵文化財センター提供）

都の香りを伝える文化財

塩尻市の山麓から中央道のルートにそって松本平の中央部に近づくと、そこには幅百メートルほどの道路敷の範囲だけの発掘にもかかわらず、百軒から二百軒を超える竪穴住居や掘立柱建物をもつ、奈良・平安時代から中世にかけての大集落が、それこそ境を接するほどに、続々と発見された。そしてそれらの集落や、そこに付随する墓地からは、古代「草深き信濃」というイメージを払拭するような、都やさらに遠く中国文明の香りを直接に伝えるさまざまな文物が出土した。

塩尻市吉田川西遺跡では、古代・中世にわたる多量の青磁・白磁などの輸入陶器が出土し、その量の多さは畿内以東の「東国」では最高だと注目されている。とくに同じ遺跡の一角で発見された墓（長径二二〇センチ、短径一一九センチの土壙《どこう》）には、当時まだ都でも貴族階級だけの什器として珍重されていた緑釉陶器六点と、漆塗りの椀や盆（または箱）、さらに八稜鏡《はちりょうきょう》と呼ばれる青銅製の鏡が副葬されていた。

そのほか同じ吉田川西遺跡からは、本邦初の出土品といわれる平安時代の筆の穂先、松本市三の宮遺跡の女性像線刻画のある土器（平安時代）等々、その貴重な出土品は枚挙にいとまがない。そしてそうした「珍品」以外の生活や生産にかかわる豊富な出土資料は、信州という地域だけでなく、古代・中世史を全国的な規模で、考古学のデータにもとづいて見直す必要があることを示している。長野県埋蔵文化財センターの研究員たちが日夜をわかたず、いまとり組んでいる報告書の作成は、全国の考古学者、古代・中世史家から熱い期待が寄せられているのである。

長野県民の悲願といわれる中央道の豊科までの開通はなった。その時にあたり、改めてこの高速道路の下敷として、信濃古代史の貴重な歴史的遺産があることを、信州の人がほんとうに忘れないで、そのこころをずっともち続けるならば、この現代の大動脈は、新しい信州の文化に貢献する血を通わせることになるであろう。

（一九八八年七月『信州の旅』六四号）

眠りからさめた縄文人骨群

驚異の大発見

中央道長野線の路線敷にあたる明科《あかしな》町北村遺跡の発見については、二年前に、それが「日本考古学・人類学史上最大の発見」の一つになりうるものとして、予報的な簡単な紹介をしたことがある。その後、間もなく現地での発掘調査は終了し、いまは長野線の早期開通を急ぐ工事が進行中のはずである。

ところで北村遺跡の調査の成果は、昨年（一九八九年）春、東京で開催された日本考古学協会総会で、発掘調査を主となって担当した長野県埋蔵文化財センターの平林彰《あきら》さんによって、はじめて公式な学界報告が行われた。その時、会場が一瞬どよめくほどの大きな反響と、研究者みんなの強い関心を呼びおこした。

北村遺跡を特徴づける考古学・人類学上の学術資料は、縄文時代中期末から後期前半（約四千年前前後の時代）にあたる、約五百基を数える墓群と、そこに埋葬されて遺存した三百体を超す数の人骨群である。

墓の中で発見された２体の人骨
これをそのままとり上げてクリーニングする

だいたい、骨は土中では腐りやすく、貝塚とか石灰岩の洞窟などといった特殊な環境の場所以外では残りにくい。それゆえいままで日本では縄文人の人類学的研究といえば、大半が貝塚遺跡の多い海岸地帯の出土人骨によるものであった。

ところが北村遺跡は日本列島の中央部に位置する、文字通り内陸部の遺跡である。そうした地域から、しかも約四千年前の一定期間（おそらく二〜三百年間）に生存した縄文人の人骨がまとまって出土したということは、だれも予想しなかった驚異的な大発見なのである。

人骨のクリーニング

考古学の発掘でもっとも厄介な出土品の一つは人骨である。埋葬後、肉質部が失われた人骨は細かい部分に離別してばらばらになりやすい。それに全体に内部が海綿質の人骨は、土中の水分をふくんできわめてもろい。だからよほど保存状態のよい貝塚出土の人骨でも、遺跡の現場で十分に乾燥させながら、ピンセットや絵筆で土をとり除き、実測や写真撮影をくり返して、一体分を掘りあげるのに少なくとも数日はかかる。

三百体余の人骨が出土した北村遺跡の現場で、そんな作業を根気よくやっていたらどうなるか。国道の迂回路を特設し、ＪＲ篠ノ井線の地下を掘り抜いてまで、高速道路の工事を急ぐ現場では、現地での人骨群および墓群の完全な調査を続けることは実際上不可能であった。

そこで埋文センターの研究者たちは、大学や文化庁の専門家の意見も聞いて、一つひとつの墓のまわりをウレタンで固め、土に埋もれた人骨ごと墓をそっくりとり上げて箱に納め、それを研究室に運び込むことにした。

こうしてはじめの約百個体は人骨研究の専門スタッフがそろっていて、北村人骨群の人類学的研究を全般的に分担してくれることになった獨協大学医学部（栃木県所在）に、トラックにのせられて、それこそはれ物にさわるような慎重さで搬送されていった。そして残りは埋文センターの松塩筑《しょうえんちく》事務所に作業場を設けて、その二カ所で、まるまる二カ年間にわたる人骨のクリーニング（土などをとり除いて骨を埋葬時の状態で完全に露出させる）作業と、細部にわたる記録作業が続けられたのである。

北村人への愛着

この作業にあたった獨協大学や明治大学のスタッフ、学生もそうだが、地元の松塩筑事務所の調査研究員や作業員のみなさんのとり組み方は、北村人骨群に対するさまざまな学術上の問題についての関心もさることながら、北村人への愛着そのものだったといってもよい。

昨年春、私は松塩筑事務所に招かれて、終了に近づいた作業の様子や結果を見せていただいた。そしてまず、将来の保存活用のために、完全にクリーニングされて置かれてあった約十個体の埋葬人骨の、その美事さに目をうばわれた。それはあのむずかしい人骨の露出作業を、よくこれほどきれいに、かつ完全に仕上げたものだと感歎させ、縄文人骨の学術的な貴重な標本であるという評価以上に、ある種の新しい芸術品を見るような感動を覚えた。

所長の堀内さんや、調査研究員の青沼さん、平林さんがこもごもに説明してくれたことによると、作業員のおじさん、おばさんたちは、いくらそれが四千年前の化石のような学術的資料とはいえ、はじめは人骨に触れることをおそれ、いやがった。仕事を終えて家に帰ると、毎日、線香をたてたり、清めの酒をやったりしなければ気がすまないほどだったという。

しかし間もなく慣れてきて、その人骨の研究が、日本人の祖先の歴史を知るために、どれほど重要なことかを理解するようになると、「そんな大事なご先祖様に少しでも傷をつけたら申し訳ない」と口々にいって、大学から借りた実物の全身骨格の標本を作業室に吊して、骨の一つひとつの部分を確めながら、じつに器用な手先でクリーニングを続けたという。

そして専門家でもむずかしい人骨の性別や年齢の判別をみんなで推測して、それぞれの人骨に「○雄君」だとか「○子さん」などと愛称をつけ、わが子をいつくしむように、骨にこびりついた土をていねいにとり除いていったとのことである。

見学を終える時、私が作業員のみなさんに賞讃とお礼のあいさつをすると、一人の年とった作業員が、「先生、どうかこの北村の人骨を一つでも多くこのまま残して、私たちの祖先の姿を多く県民に見せるようにしてやってください」と声をかけてくれた。

よみがえれ北村人

こうして多くの人びとの愛着をひきつけた北村人骨群、そして彼らの眠っていた墓群などについての、本格的な学術研究はこれからはじまるところである。それにしてもすでに、先端科学技術を応用した人骨の化学分析で、生前の北村人の食生活や生活習慣を復元するという、学界最初の成果の一部が出て注目されている。

さらに、墓の集合状態やそこに埋葬された人骨の性別・年齢構成を通じて、縄文時代の家族や社会の構造を具体的に知るという、これも学界初の研究の展望が固まりつつある。つまり被葬者の個々の姓名（それは実在しなかったと思われるが）こそ永遠に不明であるにしても、三百を超す墓に正確な死亡年時を記した「墓碑」を建立し、北村縄文人の詳細な「過去帳」をととのえ、その人びとの「系図」を作ることも夢ではないのである。

右のような研究ができる縄文遺跡は、いまのところ北村をおいてほかに絶対ないと断言してもよい。人骨のクリーニングにかかわった作業員のみなさんの、北村人に対する愛着、そして将来への願いは、いわずしらずのうちに「日本考古学・人類学史上最大の発見」の意義をいいあてているというべきである。

その期待に応えるための信州の考古学研究者と、埋蔵文化財センター・県文化財行政の努力が強く求められなければならない。

（一九九〇年四月『信州の旅』七二号、原題「北村縄文人骨群はよみがえる」）

北村縄文人の墓碑

一九八七年から八八年にかけて、本州中部高地のその中央部に近い、長野県松本盆地の一角にあたる明科町北村遺跡で、「日本考古学・人類学史上最大の発見」の一つにもなりうる大発見があった。

なぜか藤ノ木古墳や吉野ヶ里遺跡のような派手な報道もされなかったが、今後の縄文時代の研究にとって重要な問題をなげかける資料であると考えられるので、発掘担当者の長野県埋蔵文化財センターと、人骨分析研究担当者である赤沢威・茂原信生氏らのご諒解を得て、北村遺跡の集団墓と人骨群がもつ興味深いいくつかの問題点を紹介したい。

遺跡の状況

北村遺跡は前述のように、松本盆地の西北端で、盆地の西壁をなす急な斜面の山地の裾に立地する。松本平を北流する犀川《さいがわ》（千曲川と合して信濃川となる）が、遺跡の南約七〇〇～八〇〇メートル付近に流れていて、遺跡の前面には何段かの狭い棚状の河岸段丘面がひろがっている。北村遺跡の中心部はその河岸段丘の一部と、後背の山地が崩落してできた崖錐《がいすい》状の扇状地の末端部にまたがって営まれており、発掘された墓や住居址は扇端の形にそうように、弧状をなす帯のように分布している。

北村遺跡の縄文時代の墓や住居址は現地表下七～八メートルという深い地中に埋もれており、おそらく住居や墓がつくられた直後に、地すべりなどの大量の土砂の崩落によって、遺跡全体が真空パックに近い状態で埋り、かつカルシウム分などを若干ふくんだ地下水に浸って、多数の人骨が腐らずに残ったものと推測される。

大規模な集団墓地

北村遺跡の調査区域は高速道路（中央高速道長野線）の幅だけに限られ、おそらく全体の半分近くは未発掘で残っているものと想像されるが、それでも既発掘の墓壙《ぼこう》の数は約五百基にのぼる。それらは縄文中期末から後期のはじめにかけての比較的限られた時期（おおよそ二百年足らずの間か？）につくられた墓群であって、層位的に大きく上下二層、さらに墓壙同士、あるいは敷石住居址《しきいしじゅうきょし》と墓壙との切り合い（重複関係）によって、いくつかの時期にわたる墓群に分けられる。

というよりは、北村遺跡に残された既発掘分約五百基、推定では全体で一千基にも近い墓の被葬者が、一定の時期を決めて死亡し、そして埋葬されたわけではないから、おそらく多数の墓は連続的につくられ、ここがかかなり長い間、聖なる墓地として縄文人に意識されていたにちがいない。それにしてもこれだけ多くの墓は、それほど広い生活空間をもたない北村遺跡の縄文人だけのものではなかったはずである。いったいどこのどんなつながりのある人びとだったのだろうか。おそらく、遺跡から遠く望むことのできる、安曇野南部から松本平北部にいたる、かなり広い地域の縄文人の共同の墓地であった可能性が強い。

骨に残る生活習慣

北村遺跡で驚くべき事実は、約五百基の墓のうち約三百基に、埋葬された人骨が腐らずに遺存していたということである。これだけの数の人骨が、一つの遺跡から、しかも確かな遺構として残る墓壙に埋葬された状態で発見されたのは、おそらく日本でもはじめてのことだろう。とくにこの人骨群が従来発掘例の多い海岸地帯のもの（貝塚出土）ではなく、内陸地帯のもの

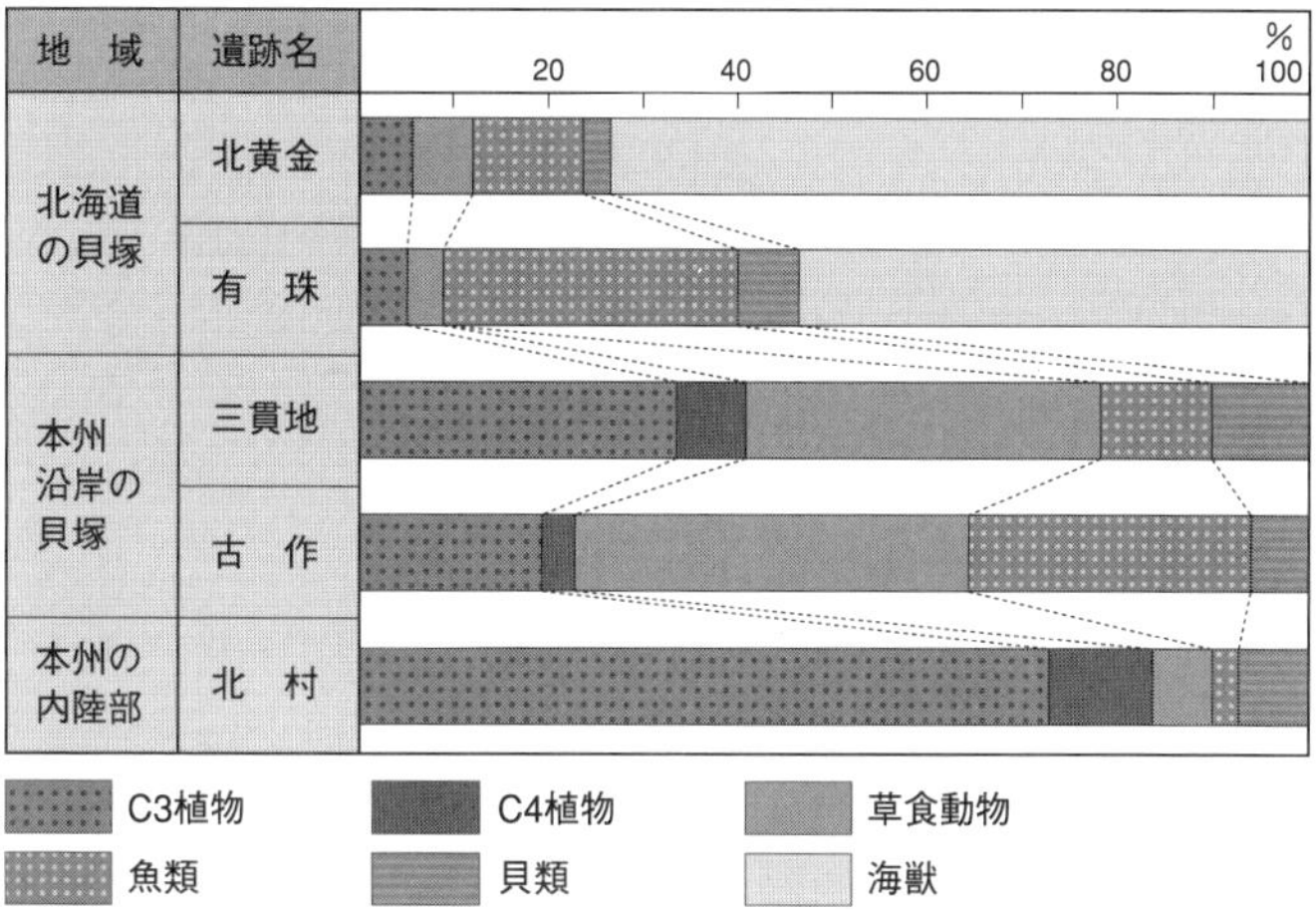

北村人は木の実など（C3植物）を主食としていた
（赤沢威・南川雅男、1989による）

であることの意義は大きい。

赤沢氏は南川雅男氏（三菱化成生命科学研究所）と協力して、コラーゲン分析法という新開発の方法を用いてこの北村人骨を研究し、生前の北村人の食生活の復元を行った。そしてその結果は北村人が他の地域の縄文人（主として海岸地帯）にくらべて、いちじるしくトチ・ドングリなどの堅果《けんか》類（C3植物）、イモ類や山菜類（C4植物）、さらに山草をよく食べて育った獣類の肉に依存していたことが明らかとなった。山国の縄文人として当然の結果が出たといえばそれまでであるが、赤沢氏らの分析は三百体の北村人骨の中のまだ数体にすぎず、部分的なデータにすぎない。これがもし全体について行われれば、おそらく個人差や北村人骨の中の集団差がでてくる可能性が強い。そうなれば北村集団墓に葬られた人びとの出自や系統のちがいを知ることもできる。そしてさらに食習慣のちがいや、それぞれの集団の生業形態の特徴などもリアルに描写することができるのである。

縄文人の「墓碑」

いま紹介したコラーゲン分析法に限らず、最近の日本考古学の特徴は、自然科学、とりわけ先端科学技術を応用した学際的研究の成果が顕著だという点である。たとえば北村人骨の分析についていま私自身もっとも期待しているのは、これも開発されたばかりの「加速器法」を用いた^{14}C年代測定による、全人骨の年代（死亡年時）測定である。この新方法は微量のサンプルで誤差十年以内の精度のデータを出すという。

そうした測定がもし実現すれば、たとえば「故北村第〇号墓壙人、前二三六〇年没」とか、「故北村第×号墓壙人、前二三七〇年没」といった「墓碑」が、少なくとも北村集団墓の約三百基の墓に建立できるのである。

一方、破損が著しく保存の悪い人骨は無理だが、茂原氏らの進めている形質人類学的な観察によって、人骨の性別や年齢の鑑定、形質上の特徴が明らかとなり、さらには血液型や遺伝子の分析なども最近は可能である。

北村人骨群のすべてについて右のような研究・分析が行われれば、そこには北村縄文人の詳細な「過去帳」がととのい、北村に共通の墓をもった縄文人集団、あるいは集団間の壮大な系図が創り出されるはずである。

縄文社会の復元

こうして先端科学の応用をふくめた人類学的・自然科学的方法でよみがえった北村人骨を、縄文時代の歴史の素材として、どのように日本歴史の中に位置づけるかは、歴史科学としての考古学の役割である。高速道路建設の事前調査というきびしい条件下の発掘ではあったが、長野県埋蔵文化財センターの調査研究員たちは、かつてないほど豊富な縄文墓制に関する考古学的情報を、発掘調査の過程を通じて蓄積した。

その結果はおそらく、人骨についての形質的・生理的な特徴とはちがった、たとえば墓の形態や型式、副葬品の有無やその種類と性格、さらに墓の群構成や年代的変遷、同じ場所に営まれた柄鏡形住居《えかがみがたじゅうきょ》とその居住者と墓群との関係等々、そしてそれらすべてを通して復元されるであろう祖霊崇拝の形や、北村の聖地での集団のまつりの姿など、北村人のもついわば文化的な性格を明らかにするであろう。考古学と人類学の両面からみた事実が重ね合わされた時、名実ともに「日本考古学・人類学上最大の発見」は実を結ぶことになろう。

北村縄文人の霊をまつる碑、地元住民が建立した

研究の貫徹を祈る

北村遺跡は間もなく高速道路の下敷になり、縄文人の歴史遺産の一つが消えた。その代償として北村人骨がいま私たちの時代によみがえろうとしている。この日本歴史の上で貴重この上ない宝をもった信州の研究者と、長野県の文化財行政機関は、どんな困難をのりこえても、北村人骨の研究を最後まで貫徹する責務がある。

発掘調査が終わって高速道路が完成した時、その発掘を長い期間見守り続けてきた付近の住民たちは、みんなで「北村人骨の碑」を道路脇に建立した。その碑に祀られた北村縄文人とともに、いま全国から、熱い眼が今後の研究の進展に注がれている。

（一九八九年六月『歴史手帖』一七―六、原題「北村縄文人の墓碑」）

縄文のヴィーナス

「人類史的視野欠除人種」

三百万年といわれる人類史の悠久な流れからみれば、たかだか五、六十年という瞬間のような短い生涯をもつに過ぎない一個の人間の発想や判断など、まことにあてにならない、ささいな思いつきにすぎないものといえるかもしれないと、この頃よく思う。

「国民の合意の得られない悪税はやらない」と公言した政治家が、選挙が終わった直後に「○○税は悪税とはいえない」と手品のように言葉をすりかえ、問題の悪税の実現に意欲を示すという、風見鶏のような発想の転換は、もはや発想だ判断だという枠を越えて、ウソツキとかペテン師という、「人類史的視野欠除人種」だということをみんなが知っている。そんな人種の感覚などというものは、人類一般のこころとは無関係なもの、人類史の中で存在を認めることのできない特殊なものと、私たちはみんなで消し去りたい。

今日の話題は、しかしそんな一部の政治家の感覚や発想のよってくる原因の詮索ではない。もっと普通の私たち現代人の感覚や発想とは何であり、とくに永遠のつながりをもつ人類の歴史の流れの中で、どれほどの意味と確かさがあるのだろうということを考えてみたいと思うのである。

縄文ムラの大型土偶

昨年（一九八六年）の秋から今年の春にかけて、新聞紙上を賑わせた信州の考古学上の一つの大発見があった。それは茅野市棚畑《たなばたけ》遺跡出土の一個の縄文土偶《どぐう》である。

土偶というのは土でつくった人形のことで、縄文時代約一万年間を通じて、各時期、各地域の特徴を示しながら、ある時には製作者の個性を表現して数多くつくられた、いうなれば縄文文化の代表的な文化遺産の一つである。

棚畑遺跡から出土した問題の土偶は、しかしいままで知られていた縄文土偶とは、およそくらべものにならない、いくつかのきわ立った特徴をもつ土偶として、全国的な注目をあびているのである。

まずその大きさである。全高二十八センチ、重量二・二キログラムを数える。この質量はいままで、全国で発見されている数千個の縄文土偶の中で一、二を争う大きさである。縄文時代中期（約五千〜四千年前）以前と時期を限定すれば、文句なく日本一である。

つぎは無傷で完全だという点である。およそ土偶とはつくられた後、縄文人の祈りの儀式の中で、傷つけられこわされるためにつくられた呪術の器具だとも説明される。事実、遺跡から出土する土偶の九九パーセントが、首がもがれ、手足がとられた破損品である。ところが棚畑遺跡の大土偶には長い時代、土中でうけた土圧で、一部にすり傷のような傷があったが、完全無欠の姿で、五千年後の現代によみがえったのである。

もう一つはその遺存状態である。棚畑遺跡は縄文時代中期の約一千年近い期間、家を建て替えては住みつづけた集落遺跡である。そうした住居の跡が百数十カ所、中央に墓地やまつりの施設を備えた広

縄文のヴィーナスは1995年、縄文時代の遺物としてははじめて国宝に指定された
（尖石縄文考古館所蔵）

場をもつ、典型的な環状集落を形づくっている。完全で大型の土偶はその中心に近い場所に、径一メートルほどの浅い穴を掘り、その中に横たわって発見された。往時はあるいはどっしりと、穴の中央、集落の中心に起立していたのかもしれない。

以上が棚畑の大型完形土偶について、いまできる考古学的な説明の一部である。これからまだ縄文土偶の謎を解く多くの事実や解釈が加わるだろうが、調査と研究が現在進行中である。

縄文人の美的観念

ところでそうした学問上の興味から少しはなれて、もう一度この土偶をじっと見つめてみよう。いやじっと見なくても、胸につけられたふくらみ、くびれた腰、異常に大きな尻の表現を見れば、この土偶が女性像であることはすぐわかる。張り出した腹は妊娠中の女性を思わせる。

頭のほうを見てみよう。頭にかぶった大きな付物は冠か帽子だろうか。いや髪形かもしれない。この土偶の中でもっとも細かな手法の装飾がほどこされている。

顔は小さく開けた口、柿の実のような形のつりあがった眼、上向きにつけられた小さな鼻が特徴ある表情をつくり出している。これは中部地方から関東地方にかけて、縄文中期によく見かける土偶の表情で、その子どものようにあどけなく、なんとなくおおらかで愛すべき表情から、考古学者の間では「勝坂美人」（勝坂は関東地方の代表的な中期の遺跡名）などと愛称されることがある。

このように棚畑の土偶は、女性としての姿・形の立派さ（？）、表情の豊かさからいって、考古学者である私は「美人」と認めるのだが、そうした説明一切抜きで、この土偶をいきなり見せられた現代人の、いったい幾人の人が、土偶に表現された縄文の女性を、ほんとうに「美人だ！」というだろうか。多くの人はグロテスクだと感じるだろうし、超人的な異質な生き物と見る人さえいるかもしれない。しかし忘れてならないことは、はるか昔とはいえ、縄文人が私たち日本人と血のつながる祖先だということだ。

私は棚畑の大型土偶は、縄文人が精魂こめてつくりあげた「ミス？棚畑」「ミス縄文」像であったと認めたい。縄文人が女性に抱く感情と現代人のそれを、人間の本能的な情感でつなげてみた時、両者の間にちがいがあるという証拠は何もない。いや、むしろまったく等しいといったほうが正しい。現代人は絵画や彫刻や詩や文学、さらに写真に映画にドラマにというように、じつに多くのメディアによって女性美を追求し、縄文人はただひたすらに土偶に向かって美人像を表現しようとした。

ギリシャ神話の美の女神ヴィーナスの名は、私たちの眼に届く実像としては、いうまでもなくかの有名なミロのヴィーナス像に最初に与えられた。あの均整のとれた姿態と、崇高ともいえる理知的な美しさは、二千年の年月を忘れさせて、観る人の足をいつまでも像の前にくぎづけにする。

歴史のこころを伝える縄文ヴィーナス

棚畑の縄文土偶が五千年の年代の距離を超えて語りかけてくるものは、狩りと採集を主とした日々の生活に命をかけながら、自らの生きた時代の美をぎりぎりまでに、一個の女性像にかけて歴史の中に残そうとしたそのこころである。そうしたこころの結晶した最高の作品だと私は信ずるから、棚畑の土偶を「縄文ヴィーナス」と呼ぶのである。

縄文ヴィーナスはこの夏には茅野市尖石考古館で一般公開される。多くの人びとがその像の前に足をとめて縄文美人に心をひかれるにちがいない。そして冒頭に書いた政治家の、ペテンに類した薄っぺらであてにならない感覚とは異なった、歴史の深みをもった美的感覚や人類愛を、この縄文ヴィーナスに見出すことを期待する。

（一九八七年七月『信州の旅』六一号）

東京都心にあらわれた縄文人

「縄文王国」信州

いまから数千年前のむかし、広い緑の山野、澄んだ空と川、豊かな自然の資源にめぐまれた信州の地は、日本列島屈指の繁栄を築いた縄文人の歴史の舞台であった。

その活力に満ちた生活の中で創出され、いま私たちの眼にふれる文化財の数々は、信州をまさに「縄文王国」と呼ぶのにふさわしい光輝を放っている。

これはただひとり信州人のお国自慢といった話ではない。いまや日本中の人びとにとって、縄文文化は日本列島住民の歴史と生活・文化の基調をなすものとして、現代「日本民族」のこころの奥深くひそむ、ある根源的な情感と結びついて、縄文人に対する親しみと関心はきわめて高い。

その日本人の心の深層の願望とは、自然でのびのびと明るく、自由で活力にあふれた生活、いいなおせば、古代以来の国と家の桎梏《しっこく》からのがれて、野性の創造ともいえるものを求める願望である。そしてそれはかつて、縄文人が歴史の中で体現していた生活の仕方であるということを、多くの人びとが知っているからだと、私は思う。

世界の化石人類の名士とともに

その縄文人が、一九八八年の夏、信州の山をおりて、東京都心の上野の杜に、その姿をはじめてあらわしたのである。

上野公園にある国立科学博物館は、この年、創立一一〇周年を記念して、読売新聞社との共催で、「日本人の起源展」という規模の大きな特別展を行った。展覧会の全体構成は二部に分かれ、第一会場は「化石人類と旧石器文化」、第二会場は「縄文時代とその後の日本人」がテーマとなった。

第一会場には、日本ではじめて全身骨格を発見したことで有名な港川人骨（沖縄県出土）や、これまでに各地から出土した国内の主要な化石人類が全員集合し、シベリア・中国・東南アジア諸国の遠方からも、ピテカントロプスをはじめとする、世界の化石人類の「名士」たちが馳せ参じた。

これらの資料をもとに、またバイオテクノロジーなど最新技術を応用した「分子人類学」的な分析にもとづいて、人類学者たちは、日本の最初期の人類が、東南アジアからのルートで日本列島に移住したことを強く主張したのが、この展覧会の第一会場で示された新しい学説として印象に残った。

縄文ムラの再現を

ところで、今日の話題の中心は第二会場で活躍した縄文人のことについてである。

たまたまその展示の企画・構成を一任された私は、第一回目の企画会議の席上で、何一つためらうことなく、国立科学博物館の会場内に縄文人の世界を再現したいという意見をのべた。それもよくある展覧会のように、年代差や地方色の多い全国各地の縄文文化の中から、見栄えのする土器やめずらしい遺物を〝名品展〟のようにもってきて並べるのではなく、信州の八ヶ岳山麓に栄えた縄文時代中期のムラを、そっくり会場内に移したいと希望した。

会議に参加していた関係者は、みんなすぐその趣旨には賛成した。といっても面積に限度のある会場である（実施後の反省として、今回の会場はあまりにも狭かった点が指摘された）。たくさんの竪穴住居跡の発掘された、大きな集落遺跡をそのままそこに復元することなど、もとより思いもよらない。そこで展示のレイアウトや飾りを実際に制作する専門のスタッフとの楽しい議論が始まる。

そうした検討や立案は東京の会議室より、縄文のムラがあった八ヶ岳山麓で、遺跡や遺物に接しながらのほうがよいというので、尖石考古館や井戸尻考古館のたいへんな協力を得て（展示品の大半も両館のご好意で拝借。とくにいまや全国的に著名となった「縄文ヴィーナス」が、はじめて県外で公開されて異彩を放った）、何回もスタッフが現地に足を運んだ。その際はシカやイノシシの肉、木の実や山菜など縄文食に親しむため、わざわざ山麓の奥深くにある唐沢鉱泉などに宿をとった。

生きた縄文人の登場

こうしたことを積み重ねていけば、縄文人の生活について、スタッフみんなのイメージがだんだんふくらんでいくのは当然だ。やがていつの間にか、土器や石器や復元住居、さらに動物の剥製や自然の景観といった静止した展示物だけではなく、「生きた縄文人がいたらなあ……」とみんなが思うようになったのである。たしかに復元住居の中や周辺で、縄文人が生きているように、さまざまな日常の営みをするのが見られたら、どんなに観覧者の印象を深めることができるかはかりしれない。

短時間の野外の催物の中で扮装した古代人が登場して、たいへん効果をあげたという前例はいくつかないでもなかったが、この展覧会は会期が二カ月近い長期間であり、しかも展覧会場の中の「展示品」として生身の人間が使われるのである。これに近い例はショーウインドのマネキンがそうかもしれないが、学術上の展覧会では例のないことである。もちろん日本最古の一一〇年の伝統をもつ、一種、謹厳ともいえる気風のある国立科学博物館では思いもよらないことだった。

関係者の間で真剣な討議が続けられた。たんなるマネキンやパフォーマンスにならないこと、出場者に人権上の問題が生じないよう細心の配慮をすること、出場者が考古学研究の成果を正しく表現できるよう、徹底した訓練を施すこと等々を前提として、この前代未聞の生きた縄文人の展覧会登場を実現することを決意したのである。

縄文人と観客の対話

専門的な知識を有することを配慮して、縄文人の募集は私の所属する大学の考古学専攻生を対象に行った。はたして何人くらい応募するかという不安をよそに、男女各二十名の予定数に

展覧会場で生活の姿を見せる生きた縄文人

対して、倍近い応募が殺到した。止むを得ず「縄文人テスト」をして合格者を採用した。

彼らは事前の特訓もさることながら、会期中も互いに研究し合い、チームワークを確認しながら、学問的に厳密で、観覧者に親しまれる縄文人を創造し、縄文人としての一つひとつの行為をとおして自ら学ぶとともに、観覧者とのコミュニケーションによって、さらに多くのことを学んだ。それは別の機会に詳細を報告したい。

さて、リアルに復元された住居の中で、ドングリをすりつぶしたり、炉にかけた縄文土器で食物を料理する女性。住居の外で土器をつくり、石器を加工する男性。彼らは縄文人の行為を真似事で演ずるだけではなく、観覧者の質問に答えて対話し、求めに応じて道具の使い方を実験してみせた。多くの人はその姿に眼をみはった。

皇太子ご一家も縄文人と対面

展覧会の内容、とくに縄文人と観覧者の対話や情感の交流など、ここでは紹介できないほどのいろいろな話題がある。もちろんこのはじめての試みには反省点も少なくない。

しかしこの展覧会への入場者は二十万人に達し、その多くの人びとは、生きた縄文人との直接の交流に強い感銘の声を残した。とくに夏休み中の子どもたちの中には、何回も会場に足を運んで、終日、縄文人のそばをはなれず、「一緒に縄文人になって暮らしたい」と駄々をこねた子も少なくなかったという。

そういえば会期の途中、天皇になられる少し前の皇太子殿下とご一家が会場を訪れた。予定の時間を超えて、縄文人と熱心に直接対話されていた姿を、ほんとうの縄文人が残した真実の歴史のために、これからも私ははっきりと記憶にとどめたい。

（一九八九年四月『信州の旅』六八号）

永遠の人類史

敗戦直後、旧制の長野県立諏訪中学校の一年生の頃から、考古学という学問にとりつかれて以来五十年、研究生活の上で幾度か感動におそわれる場面に遭遇した。

忘れられないその一つは、もう二十年前の一九七五年、信州を、そして日本をとび出して世界最古の人類遺跡といわれるオルドバイ遺跡を、アフリカに訪れた時のことである。

アフリカ大陸は現在もっとも有力な人類発祥地と目され、最古の人類である猿人の多くの遺跡が発見されている。その中でも東アフリカのタンザニア国にあるオルドバイ遺跡は、人類史の宝庫といわれ、たくさんの化石や石器が発掘されている。

雨季の明けた六月、私はアフリカの悪路を乗り切るための四輪駆動の車を現地で借りて、オルドバイ遺跡に行った。その一角に遺跡があるセレンゲティ国立公園は、広さが日本の四国全土ほどあり、自然と動物と原住民の保護のため、外からの人びとの居住は許されていない。は

200万年の人類史の堆積を見せるオルドバイの谷

てしなく広がる無人のサバンナの大平原である。
そのまっただ中を進んで行くと、やがてそこだけが突然、地底をのぞきこむような深さ百メートル以上もある断崖の端に行き当たる。大地の裂け目ともいうべき幅数百メートル、総延長四十数キロという規模のオルドバイ峡谷である。断崖の一角に立ってみると、灰色、白、赤色と色紙を厚く重ねたような地層の層理が、じつにみごとに峡谷の崖いっぱいに見える。

荘厳ともいえるその自然の光景は、ただそれだけならば、日本人にも観光地としてなじみの深いアメリカのグランドキャニオンのほうが、はるかに雄大であろう。しかしオルドバイは崖面に露出する百メートルの厚さの地層の堆積の中に、二百万年以上にわたる人類とその文化の発達史の証拠を、ぎっしりと埋蔵している「人類史の宝庫」であるという点で、「人類の谷」という特別な興奮を覚えさせるのである。

＊

人類は、よく知られているように、猿人《えんじん》、原人《げんじん》、旧人《きゅうじん》、新人《しんじん》という四つの段階を踏んで現代人に進化した。オルドバイの地表下百メートルにある最下層の地層からは、約二百万年前の猿人の化石と、石ころの端だけを打ち欠いてつくった、簡単で粗末な石器が発見された。初期の人類と、彼らの道具である。それより二、三十メートル上位の地層からは、約六十万年前の原人の化石と彼らのつくった石器が見つかった。

猿人から原人への進化の間には、百万年以上の、じつに長い年代が経過している。その間の道具の進歩はというと、猿人の石器は石ころの一カ所を打ち欠いただけの道具だったのが、原人は同じ石ころに十数回余分に手を加えて、やや進歩した道具に改良したにすぎないのである。日進月歩の現代の技術革新にくらべれば、初期の人類の道具の進歩の速度は気の遠くなるようなゆるやかさである。

しかし大事なことは、ゆっくりではあるが一歩一歩の進歩が、人類文化発祥以来三百万年以上もの間、いまのわれわれがＳＦ小説でしか想像できないような、氷河や火山爆発や大洪水などの過酷な自然の脅威を切り抜け、現代にいたる悠久な人類史を築く基礎になってきたということである。

猿人がつくった最古の石器

＊

核兵器開発を含めた現代の先端科学が、はたして将来にわたる永遠の人類史を保証するものになるかどうか、また間もなく必ず来る寒冷な氷河時代に対し、いまの技術や政治が人類を救う手段を用意しているだろうか。

オルドバイ遺跡に立って、私は悠久な流れをもった人類史に感動し、そして永遠であるべき未来の人類史に、現代のわれわれが何をなすべきかを、祈りに似た気持ちで、じっと考えにふけったことを忘れるわけにはゆかない。

いまにして思えば、このオルドバイの巨大な歴史の堆積を前に、そこで人類史の深く、かつ重い意味を感じたことが、その後のものの考え方を変えたようである。せせこましく結論を求める学問体系や、たとえば戦後たかだか五十年にすぎない歴史を「総括」し、人類の永遠の理想である平和をうたった日本国憲法を変えたいなどと騒ぎはじめた、近視眼的な政治や発想を軽蔑する気持ちがだんだんに強くなった。

自然と人類の生態系を破壊して、現代の欲望だけを求めるような「文明」の進歩は、いまや、けっして急ぐべきではない。人類史は、永遠なのである。いや、永遠でなければならないのである。

（一九九五年四月『信州の旅』九二号）

II 信州考古地域史素描

信州の風土

日本の屋根・信州

長野県は「日本の屋根」といわれる。それはいうまでもなく、日本アルプスの諸連峰をはじめ、八ヶ岳・浅間山・御岳の火山など、三千メートル級の高山が県域の広い範囲を占めて存在するからである。しかし、「日本の屋根」という表現には、地形の高峻さだけではなく別の意味がある。それは、日本列島の中央に信州が位置するという点である。

弧状をなして東北―西南に長く連なる日本列島は、本州中央部で折れ曲がるように北への向きを強める。そしてそこを軸にして、日本列島は東北日本と西南日本に二分される。少なくとも更新世《こうしんせい》（洪積世）のはじめ以来、その東西の分割線は、自然（気候・植生・動物相など）の上でも、歴史や人文の上でも、日本列島を大きく二つに分けてきた。

日本列島の自然と人文を二つに分けるもう一つの要素は、本州の脊梁《せきりょう》山脈を境とする太平洋側と日本海側のちがいである。四季の降雨・降雪量の差は、現代の私たちがさまざまな生活のちがいとして体験しているばかりでなく、おそらく日本列島に人類が居住しはじめた数万年前からずっと、何千世代にもわたって、私たちの祖先が経験してきたことであろう。

日本列島の中央部に「日本の屋根」としての位置を占める信州は、日本列島の住民の歴史と文化を基本的に形づくってきた東西ないしは南北の異なった相を、その広大な県域（面積一万三六二四平方キロメートル、全国県別第三位）の中に受け入れ、ある時には対立・併存させ、またある時にはそれらを消化し新しいものを創造させた土地として存在してきたのである。

信州を源とする大河川

長野県域を水源として、日本の代表的な大河川が流れ出す。信濃川は松本平を貫流する犀川《さいがわ》と、佐久平をえんえんと流れ下った千曲川が、善光寺平で合して日本海に注ぐ日本最長の大河で、それは信州の北半の大部分を含む広い流域をもつ。

天竜川は諏訪湖を主な水源として、伊那谷の水を集めながら、二一六キロメートルの流路をもって遠州灘に達し、木曽川は狭隘な木曽谷を刻んで西に流れ、濃尾平野の東側を潤して、総延長二三二キロメートルで伊勢湾に至る。

信濃川・天竜川・木曽川のように、県域内に広い流域面積をもっている河川以外でも、利根川（最上流馬坂川）や富士川（上流釜無川）、姫川、矢作《やはぎ》川などいくつかの河川は、日本の屋根である信州にいずれもその源を発している。

以上のような諸河川は日本海沿岸を通じて東北や北陸地方に、あるいは東海地方を経て近畿・西日本方面へ、またいくつかの河川は関東地方へと、信州の四囲の各地方との間で、人と文化の流れを促すパイプの役割を果たした。

谷と盆地と地域性

長野県は、南北に二〇〇キロメートル以上という長い距離をもつ。この距離のうちには、太平洋側と日本海側という、日本列島を二分する地形区を含み、またその中間には内陸的な自然区域をもっている。

そうした南北の地形区の差が、人文にかかわる顕著な差としてあらわれている一例に方言の分布がある。信州方言の代表例とされる「ズラ」言葉は、中・南信と呼ばれる県の南部で主に使われ、北・東信ではそれほど用いられていない。

この方言分布で注意しなければならないのは、「ズラ」言葉が天竜川・木曽川流域に濃厚な分布をもち、きわめて対照的に千曲川流域の中・下流部では「ダラズ」言葉が集中している点である。このことは、南北（太平洋側・日本海側）の地形区とそれによって生み出される人文上の特性が、河川によってひろがり、河川流域を一つの単位として定着した過程をもったということを物語っている。

信州の地形を形づくるたくさんの山々と多くの河川は、信州の大地をじつに複雑多様な単位地域に分割している。松本・伊那・佐久・善光寺の四つの平は、県歌「信濃の国」にもうたわれる県内の代表的な盆地であるが、そのほかにも広大な八ヶ岳西南麓を含む諏訪盆地、善光寺平（長野盆地）の北に連なる飯山盆地、同じく千曲川流域に佐久平と並ぶ上田盆地、また、南北に長い伊那谷も上・下伊那盆地に分けられ、さらに狭い谷をなす木曽谷や白馬盆地など、地形や気候・植生など自然の相違と、それに相応して人文・歴史もそれぞれに特色をもつ小地域を形成している。

長野県史の考古資料編が主として扱う原始・古代の遺跡・遺物、そしてその特徴・動態も、上記のような多様な地域性を背景として存在したものである。

遺跡の数と変遷

『長野県史考古資料編遺跡地名表』には実数一万二六六五カ所の遺跡が記載されている。それらのうち中・近世の遺跡としてとり上げられている約一〇〇〇カ所を除く、古代（奈良・平安時代）以前の遺跡数を時代別に示すと、先土器時代三三〇、縄文時代七九七〇、弥生時代二〇九九、古墳時代八八四、古代三二〇六カ所となる。ただしこの数字は合計すると一万四四八九と遺跡実数をかなりオーバーするが、それは一つの遺跡で時代が重複する場合、その重複する数を加えた結果である。なお、上記の一般遺跡のほかに、古墳時代には県下で三五三一基にのぼる大小の古墳が築造されている。

こうした時代別の遺跡数はそれ自身で比較しても意味をもたないが、たとえばそれぞれの時代が継続した年数、すなわち先土器時代についていえば、県内で発見されている大部分の遺物が示す年代で、約三万年前から約一万二〇〇〇年前までの約一万八〇〇〇年間、同じく縄文時代（「草創期」を含む）が約一万二〇〇〇年前から約二三〇〇年前までの約九〇〇〇年間、弥生時代が約二三〇〇年前から約一七〇〇年前の約六〇〇年間、古墳時代が約一七〇〇年前から約一三〇〇年前までの約四〇〇年間、古代の奈良・平安時代が同じく約四〇〇年間という数値で、試みに各時代の遺跡数を割り算してみると、先土器時代〇・〇二一、縄文時代〇・八八五、弥生時代三・四九四、古墳時代（古墳の数は除く）二・二一〇、奈良・平安時代八・〇一五という一種の「指数」が得られる。この数字は各時代の居住地の密度や人の行動の痕跡の濃淡をある程度反映しているかもしれない。ただし、古代、特に平安時代の遺跡数の多さは、灰釉《かいゆう》陶器など人の背に負って持ち運ばれ、こわれて遺棄されたような土器片若干が採集された地点も遺跡数として加えてあり、今後、集落など生活拠点となるべき遺跡と、そうでない遺跡との区別が必要となろう。その点はほかの時代についても同様で、本来ならば遺跡の「質」を問題としなければならない。

こうした時代別の遺跡数を他地域・他県と比較する適当なデータをいまはもたないが、全体で七九七〇カ所、遺跡総数一万四四八九カ所の五五パーセントを占める縄文時代の遺跡数の多さは、従来から多くの研究者が「信州は縄文遺跡の宝庫」「信州縄文王国」などと称して、長野県は縄文文化のもっとも繁栄した地域だと指摘するように、信州における原始・古代の遺跡のあり方のきわ立った特徴としてとらえてもよいであろう。

地域と遺跡分布の特徴

細分される諸地域

長野県における原始・古代の遺跡分布のあり方を、各時代の細かな時期別と、各河川流域によって分けられる地区ごとにみると、時代と地域の特色を知ることのできるいくつかの重要な手がかりが得られる。

地区は①飯水《いいすい》（飯山市・下水内郡・中野市・下高井郡・須坂市・上高井郡）、②長水《ちょうすい》（長野市・上水内郡・千曲市・更級郡・埴科郡）が長野盆地（善光寺平）を中心とした北信、③上小《じょうしょう》（上田市・東御《とうみ》市・小県郡）、④佐久（小諸市・北佐久郡・佐久市・南佐久郡）が上田盆地と佐久盆地を主とした東信で、それらは千曲川流域に属する地域である。

また⑤松本（松本市・塩尻市・東筑摩郡・南安曇郡・大町市・北安曇郡）は犀川流域にひらけた松本盆地（松本平）と姫川流域の白馬盆地、⑥木曽（木曽郡）は木曽川に沿った木曽谷で、中信地方として一括されているが、それぞれに県内の他地域とは異なる独自の地理区をなしている。⑦諏訪（岡谷市・諏訪市・茅野市・諏訪郡）、⑧上伊那（伊那市・駒ヶ根市・上伊那郡）、⑨下伊那（飯田市・下伊那郡）はいずれも天竜川流域に含まれる南信地域であるが、その最上流を占める諏訪地区は独立した盆地をなしていて、伊那谷とは異なった独自性の強い地域である。また、諏訪盆地の東南にひろがる八ヶ岳西南麓は、佐久側および山梨県側の八ヶ岳東南麓と一体になって、特徴のある地域を形成している。

では、九つの地区について遺跡のあり方にきわ立った特色があるかどうかをさぐってみよう。

飯水地区

まず奥信濃とよばれる県の最北部、新潟県に接する飯水地区では、四六カ所（七パーセント、当該地域の時代・時期の明らかな遺跡数との比率、以下同様）の先土器《せんどき》時代遺跡の存在が目立つ。これは最近の調査で飯山市を中心とする千曲川の低位段丘上に遺跡が発見されつつあるからで、この時期の遺跡のあり方としては注目すべき点といえよう。縄文時代には一五三カ所（二三・四パーセント）を占める中期の遺跡数が記録されるが、これは県下全般にわたる特色の反映で、長水・上水地区とともにほかの地区、とくに南信の諸地区にくらべてむしろ相対的に少ないことが特徴といえる。

もっとも、縄文後・晩期では宮中・伊勢宮・坪井など著名な遺跡がみられて、中期からの遺跡の減少ぶりは南信地区ほどではない。

弥生時代に入って、県下一の豪雪地帯でありながらも遺跡数の多いことは、高温多湿な夏の気候が稲作に適しているからであろう。古墳時代では、高井郡下（現在の行政区画によれば長野市の一部も含まれる）に密集している積石塚《つみいしづか》古墳が注目され、また予想以上に古い前方後円墳・前方後方墳が発見されつつある。

長水地区

長野盆地（善光寺平）を含む地域で、ここではなんといっても大室《おおむろ》の五〇〇余基の積石塚古墳群を含めた一一三五基の古墳の存在とともに、古墳時代およびその先駆をなす弥生時代後期の遺跡の多さが目立つ。善光寺平南部の古墳群には、森・川柳《せんりゅう》・倉科《くらしな》・土口《とぐち》といったいずれも「将軍塚」と名づけられている県下最大級で四、五世紀代の前方後円墳が群在し、この地域が豊かな水田地帯を基盤とする強力な古代地方豪族の本拠であったことを示している。

なお、この地区では縄文時代晩期の遺跡三一カ所（四・三パーセント）の存在する事実と、そ

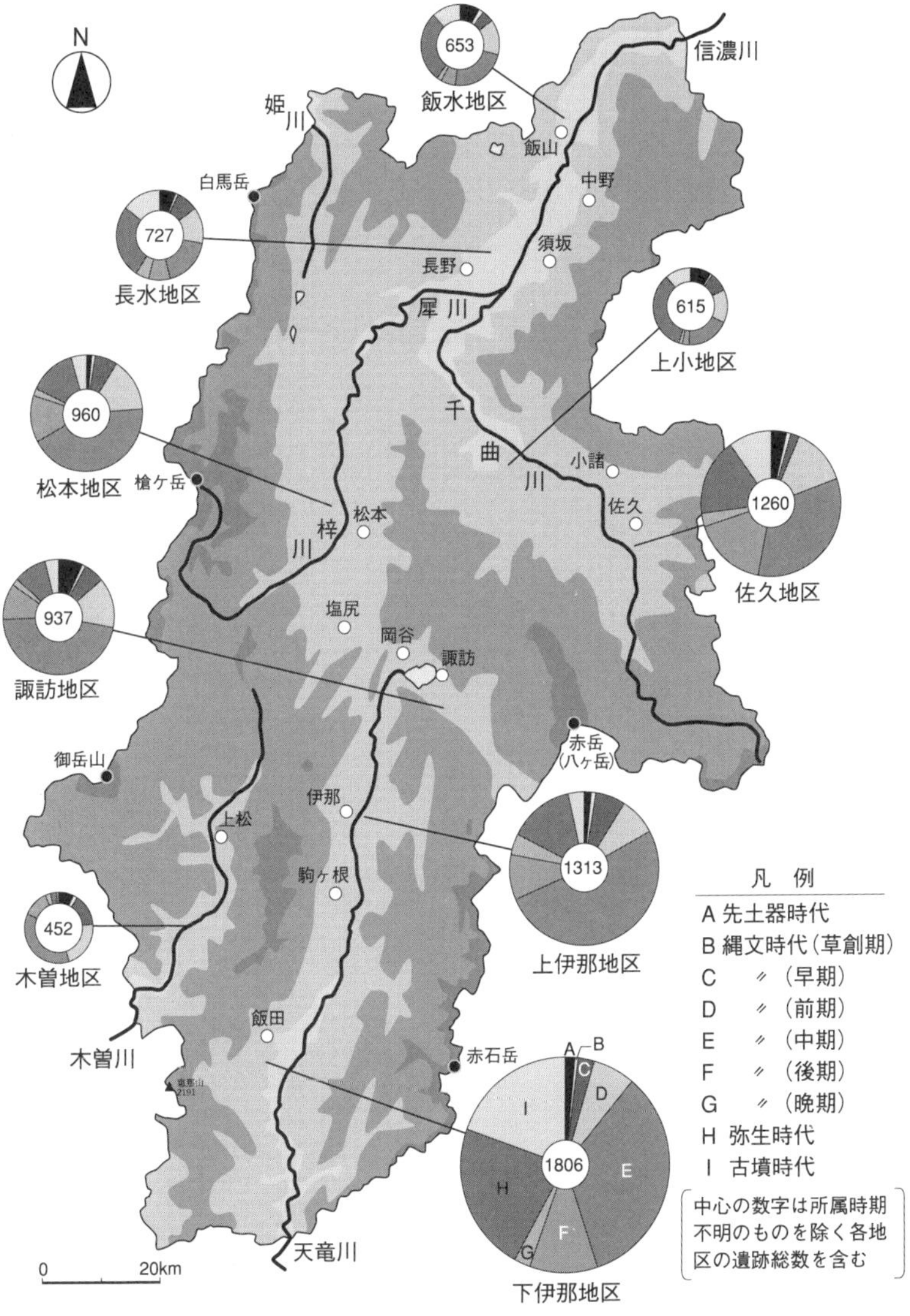
N
姫川
信濃川
653
飯水地区
飯山
中野
白馬岳
727
長水地区
須坂
長野
犀川
615
上小地区
千曲川
960
松本地区
小諸
槍ケ岳
佐久
1260
佐久地区
松本
梓川
937
諏訪地区
塩尻
岡谷
諏訪
赤岳
(八ヶ岳)
御岳山
伊那
上松
1313
上伊那地区
駒ヶ根
452
木曽地区
木曽川
飯田
赤石岳
A
B
C
D
E
F
G
H
I
1806
下伊那地区
天竜川
0
20km
凡　例
A 先土器時代
B 縄文時代(草創期)
C 〃 (早期)
D 〃 (前期)
E 〃 (中期)
F 〃 (後期)
G 〃 (晩期)
H 弥生時代
I 古墳時代
中心の数字は所属時期不明のものを除く各地区の遺跡総数を含む

信州の地域と遺跡

れらの大部分が東北地方の亀ヶ岡《かめがおか》文化の影響下にある土器をもつ遺跡である点が、信濃川をパイプとする縄文文化の動きを暗示しているものとして注意される。

また、この地区のうち北部・西部は山岳地帯であり、当然遺跡分布は散漫だが、その中には北山地区の野尻湖周辺の先土器時代の遺跡群は全国的にも著名であり、また、西山地区の宮遺跡など特異なあり方を示す縄文時代の遺跡もあり、今後の調査が期待される地域といえよう。

上小地区

五三カ所（八・六パーセント）の先土器時代遺跡は、この地区と諏訪地区が境を接する和田峠・男女倉《おめぐら》・鷹山《たかやま》一帯が豊富な黒耀石の産出地で、そこをとりまく多くの遺跡群が知られていることと、一方北側の菅平高原一帯にも遺跡があるからである。

この上小地区でもっとも著しいのは弥生時代後期の遺跡である。総数二一八カ所、この地区の遺跡総数のじつに三五・五パーセントを占める。弥生時代後期には千曲川流域に、箱清水《はこしみず》式土器とよばれるきわめて特徴的な土器をもつ文化圏が成立した。若宮遺跡の銅剣《どうけん》、塩崎松節《しおざきまつぶせ》遺跡の青銅利器、武石村上平遺跡の巴《ともえ》形銅器、あるいは佐久の社宮司《しゃぐうじ》遺跡の銅鏡片などは弥生文化繁栄の証拠であろう。その文化は北関東地方の樽《たる》式土器文化圏と密接な関係をもち、一部は関東南部まで進出したといわれている。

そのような箱清水式土器文化の基盤をつくったものが何であるかは、まだ十分に明らかにされていないが、遺跡の数の上からみれば、この上小地区と佐久地区（佐久平）・善光寺平を含めた千曲川中流部の地域に、文化の核の一つ（「赤い土器のクニ」）があった可能性があり、最近の状勢では、さらに一段さかのぼった年代にその端を発するらしいことが明らかになりつつあるという。弥生時代後期の文化の高揚の後、古墳時代にはやや退潮するが、やがて東山道の要衝として国府が置かれ、信濃国分寺・尼寺が営まれる土地でもあった。

佐久地区

この地区は北の浅間山麓、南の蓼科山麓から続くひろい佐久平と、千曲川上流部に近い峡谷部、および広大な八ヶ岳東・北麓部を含んでいる。四一カ所（三・三パーセント）の先土器時代遺跡、最多の四四一カ所（三五パーセント）の縄文時代中期の遺跡は、千曲川上流部や八ヶ岳山麓に顕著な分布を示し、とくに先土器時代では、矢出川《やでかわ》遺跡（一九八六年国史跡指定＝後註）などを含む野辺山高原の遺跡群が著名である。

なお、縄文時代のうち後期遺跡が県内最高の二〇〇カ所を超えていることは、まだ調査不十分ではあるが、千曲川流域に多い中期末から後期にかけての敷石住居址《しきいし》のあり方とあわせて、ほかの地区にはみられない特徴が、今後の研究によって明らかにされるだろう。

高原や山麓に立地する先土器や縄文時代の遺跡に対し、一八一カ所（一四・三パーセント）の弥生時代後期、それに続く一四一カ所（一一・二パーセント）の古墳時代遺跡と五三一基の古墳は、主として佐久平に分布しているが、最近の調査からさらにその密度の濃いことが判明しつつある。また、古墳の大半は後期の円墳ではあるが、破格ともいえる優秀な副葬品や埴輪に接することも多い。こうした後期古墳のあり方は、東国随一の官牧であった「望月《もちづき》の牧」をはじめとする牧の形成と、密接なかかわりをもっているにちがいない。

松本地区

東西約十キロメートル、南北約五十キロメートルの範囲にわたる、信州中央部の松本盆地を主要部とする地区である。盆地の西壁をなす北アルプスの山麓には大規模な扇状地が複合して発達し、一方東を限る筑摩《ちくま》山地の側にも段丘や山麓がひろがり、そこには数多くの縄文時代中期を中心とした遺跡が分布し、その内容は諏訪・上伊那地区と並ぶ様相を示している。

それ以外の時代・時期の遺跡のあり方は、数字の上ではとくに指摘するような特徴はなく、いうなれば、信州全般のきわめて平均的な推移をたどっているといえよう。ただ、そうした中にあって、松本平北部から白馬盆地にかけて、縄文前期遺跡の卓越する点が玦状《けつじょう》耳飾などの素材となった滑石《かっせき》の原産地としての特色を示している。

また、弥生時代では、塩尻市柴宮遺跡の完形の銅鐸と松本市宮淵遺跡の銅鐸鈕《ちゅう》破片の出土は、近畿地方を中心とした銅鐸分布圏（柴宮銅鐸自体は東海地方に中心がある三遠《さんえん》式である）の最東北端の分布例として注目される。

松本市弘法山《こうぼうやま》古墳は、四世紀中葉の年代をもつ信州最古の前方後方墳であり、しかも副葬された土器が様相的にみて伊勢湾地方からもたらされたものである点など、畿内の古代政治勢力の波及が、古代信濃では伊勢湾地方を媒介として、間接的にこの松本平に拠点を得た証拠ではないかと推測されている。さらに、木曽川を源流までさかのぼって、峠一つを越えた松本平の入口部に位置する塩尻市の古代平出遺跡にも、都の匂いを嗅ぐことのできる緑釉水瓶《りょくゆうすいびょう》などの眼をひく出土品がある。

木曽地区

「木曽路はすべて山の中である」という島崎藤村の有名な文章に表現されているように、県内の流路九七キロメートルの木曽川流域は平地の少ない峡谷地帯である。そのためか原始・古代の遺跡分布も、ほかの地域とはまったく様相が異なる。

縄文時代中期に一七〇カ所（三七・六パーセント）という多くの遺跡を残すのは他地域と同じ全県的傾向だが、早期の六七カ所（一四・八パーセント）、前期の九五カ所（二一・一パーセント）という遺跡数の比率は、群を抜いて高い。これは弥生時代遺跡（中・後期）が合わせて一三カ所（二・四パーセント）、古墳時代については遺跡一カ所（〇・二パーセント）、古墳わずかに二基というきわめて乏しい数値と対照的な結果である。

一般的にいって、縄文時代でも前期以前の時期は、中期やさらに下って弥生時代以降にくらべて、人びとの定住性についても相対的に安定を欠く状態であったと考えられる。そうした時期の遺跡が多く、安定が増す時代の遺跡が少ないという現象は、木曽地区が古代になって「岐《き》蘇路《そじ》」が拓かれるようになる以前でも、Passing-culture の道筋としての歴史的な宿命をもった土地であったのだという感を深くさせる。

なお、御岳山東麓開田高原にある古屋敷《こやしき》・柳又《やなぎまた》遺跡などの先土器時代遺跡の多さは、県内のほかの高原地域同様、当時の自然環境が古い時代の人びとのまだ遊動的だった生活に適合した現象としてあげられよう。

諏訪地区

長野県の太平洋側につながる大動脈、天竜川の最上流部は諏訪湖である。それをとり囲む諏訪盆地は、標高七五〇メートル余、まさに「日本の屋根」そして日本列島の中心に位置する。和田峠・霧ヶ峰・八ヶ岳には石器時代人の利器製作にとって、最良質の原料となった黒耀石が豊富に露頭し、先土器時代以来、縄文時代の各時期を通じて、中部地方一円から関東地方にかけての広い範囲から、黒耀石を求めて人びとが往来した。六十カ所（六・四パーセント）という先土器時代遺跡は、それら黒耀石原産地の周辺に密集し、県下で最初の発見・調査例となった茶臼山遺跡をはじめ、学史的にも著名な遺跡が多い。

しかし、諏訪地区の遺跡でもっとも注目されるのは、八ヶ岳西南麓を中心に展開する縄文時代中期の遺跡である。その数四三一カ所、全遺跡の半数近い四六・一パーセントを占めるそれらの遺跡は、質・量ともに信州の「縄文王国」を表徴するものであると同時に、全日本的にみても、縄文文化を構成する一つの主要な文化としての「井戸尻《いどじり》文化」の中核をなしている。それら中期の遺跡あるいは遺物に対する研究も活発で、考古学界に「縄文農耕論」とよばれる新しい学説を提示し、その評価をめぐる論争は現学界の一つの焦点である。

諏訪盆地は、先述したように天竜川をさかのぼる文化の流れの一つの終着点である。そのため弥生文化も比較的早く伊那谷を経て波及し、学史上「庄ノ畑《しょうのはた》式土器」の名で知られる「波及期」（弥生時代中期初頭）の文化を諏訪湖沿岸に生んだ。そして古墳時代には、遺跡の数こそ少ないが、各地に古式の土師器を出土する集落遺跡を残し、さらに後の諏訪神社の本拠に近い場所につくられた諏訪市フネ古墳は、特異な構造をもつ、五世紀代の古墳として注目されている。

そうした先進性と特殊性が、諏訪神社の強力な祭政権と結びつけられて、諏訪の土地に独自性の強い地方政権が存在したとする主張を生んでもいるが、古代には岡屋《おかのや》・山鹿《やまが》などの官牧も設置されていて、大和政権の支配が貫徹している。

上伊那地区

伊那盆地は上・下伊那を通じて、天竜川がつくった広大な河岸段丘地形を特徴としている。そしてその地理的な位置は、南あるいは西からの文化の流入路として、北の千曲川水系に含まれる地域とは対照的な文化的特色を発揮させている。

上伊那地区は地理的にはともかく、文化的・政治的には古来諏訪とのつながりが強い。古代の一時期「諏方国」の領域は上伊那地区を含んだこともあったし、後世でも諏訪神社の祭政圏は強くその地に及んでいた。そして赤石山脈（南アルプス）の北端にあたる守屋山地の多くの山襞《ひだ》の道を通って、毛細管を伝わる水のようにひっきりなしに、伊那谷をさかのぼった西の文化は諏訪盆地に浸透していった。

その上伊那で全遺跡の半数を超える六七九カ所（五一・七パーセント）の縄文時代中期の遺跡が眼をひく。河岸段丘の一角を占める大規模な集落も多く、先の諏訪地区の八ヶ岳西南麓をしのぐ文化の高揚をみせている。そして、中期の後半の時期には「唐草文土器」と仮称される独特な文様をもった土器を発達させ、その分布圏は下伊那・諏訪・松本地区、さらに隣接の山梨県方面にも伸張したとされている。高燥な河岸段丘は八ヶ岳山麓などの火山灰台地と同様に、縄文時代中期の文化を発展させる地盤であったのであろう。

弥生時代以降については、遺跡数などは少なくないが、特徴的なあり方はみられない。むしろ一七八基の古墳のうち前方後円墳が松島王墓古墳一基のみという点にこそ、この地域の古代史上の課題があるといえよう。

下伊那地区

よく発達した十段余りを数える広い河岸段丘上に、県内最多の二六〇〇余カ所の遺跡が発見されている（所属時期不明のものも含む）。縄文時代の各時期の遺跡数の増減は全県的な平均値ときわめてよく似ていて、その点では特記すべきことはないが、内容的にみて縄文全期を通じて、東海ないしは西日本的な色彩の強い土器などを出土する遺跡が顕著になる点が、県内のほかの地域とは異なる特徴である。その中で、縄文早期についていえば、信州でもっとも典型的な発展を示す押型文《おしがたもん》系土器のうち、立野《たつの》式土器は、押型文土器の起源と編年をめぐって学界で注目されているものであるが、これも諏訪以北の地域とはちがう近畿地方系統の土器である。

縄文晩期でも千曲川流域に多い東北の亀ヶ岡式系土器群とは対照的に、条痕文《じょうこんもん》系土器が主体である。それは縄文時代終末期に日本列島の東西の文化が対峙する様相の縮図である。

続く弥生時代は中・後期ともにその遺跡数は圧倒的に他地域をしのぐ。それも千曲川流域の弥生時代の遺跡が主として沖積低地を利用した水田耕作を発達させたのに対して、下伊那（上伊那も同様）の場合には、段丘の上で陸耕を発達させたという、農耕形態のちがいをみせている。それを基盤として、弥生後期には千曲川流域の箱清水式土器文化圏と様相を異にする中島式土器文化圏を形成させた。

また、弥生時代について注意しなければならないのは、総数八十カ所の弥生中期遺跡の中に含まれてしまっているが、下伊那のいくつかの遺跡では、弥生時代前期の伊勢湾地方の土器

（西志賀《にししが》式）が発見されていることである。九州に発生した弥生文化が近畿・伊勢湾に一次的に波及し、その最初の波を受け入れたのが下伊那地区であったことは、下伊那の地理的位置からみても当然である。

弥生時代につづいて古墳時代の遺跡も県内最多である。そして六九七基を数える古墳の数は善光寺平についで多く、その中には全長七十メートル前後の規模をもつ前方後円墳が多数含まれ、また副葬品に鏡鑑《きょうかん》や金銅製品などを豊富にもち、後期古墳にはとくに馬具類の副葬の多いことが指摘されている。

この下伊那地区（飯田盆地）の古墳群は、北の長水地区（善光寺平）の古墳群より時期は相対的に降るが、美濃から神坂《みさか》峠を越えて天竜川西岸に至っている「東《あづま》の山の道」に沿って発達しており、つねに大和の政権との強いかかわりの中で形成されたものとみられる。そして古代信濃の各地に牧をかまえて割拠した諸氏族を、統轄する位置を占めたものとも推測される。

こうした大和政権や中央文化の最大の流入口として下伊那地区は位置付けられ、最近では飯田市恒川《ごんが》遺跡で古代地方官衙《かんが》跡とみられる多数の掘立柱建物群を含む遺構が発掘され、注目されている。

時代の動きと文化の流れ

最古の住民

前節で信州の九つに分けられた地区を北から南へ、地区ごとに遺跡のあり方の特色をみてきた。記述が重複するおそれもあるが、次に時代を追って、全県的に文化の動態を概観してみたい。

一九四九年に群馬県岩宿《いわじゅく》遺跡で、はじめて先土器時代文化（世界史的には後期旧石器段階の文化、岩宿時代文化ともよぶ）が発見された直後のころ、信州でも諏訪湖周辺や八ヶ岳北麓、北信の野尻湖周辺、千曲川上流の野辺山高原や川上村などで、たくさんの石器を出土する遺跡が発見され、研究の進展に大きな役割を果たした。貴重な資料が存在すること、遺跡がきわめて多いことでは、研究上いまでも信州は全国的に注目される土地である。

しかし、最古の住人がいつごろ、どんな状態で信州の土地に住みついたかということはまだ十分に明らかになっていない。そうした中で、飯田市石子原《いしこばら》遺跡から発見された一群の石器は、出土した層位がいまから約二万一〇〇〇年に降下したといわれる火山灰（姶良《あいら》・丹沢火山灰）より下位であることがわかったが、それ以上どこまでさかのぼるかははっきりしていない。これらの石器は、いわゆる「前期旧石器」の最末期といわれているが、器種やその特徴など今後類例の増加をまってさらに研究されるべき点が残されている。

しかし今後、もし一〇万年の単位で数えられるような本格的な古さをもった人類文化の存在が確かめられるとするなら、伊那谷に発達した段丘上の地層は、その可能性を秘めた有力な対象地として注意が向けられなければならない（補註　二〇〇一年以降、石子原遺跡に近い竹佐中原《たけさなかはら》遺跡で、いままで知られていなかったタイプの石器群が発掘され、それらは二〇〇五年現在、信州最古の旧石器だと期待されている）。

県の北端に近い野尻湖立《たて》が鼻《はな》遺跡は、全国的にみてもっとも貴重な先土器時代遺跡である。長期にわたる継続的な調査で、ナイフ形石器などを主とする三万年以降の石器をすでにたくさん出土していたが、最近の調査ではより下層の三万年を超す古さの地層から、人類遺品を発見できる可能性が強まっている。着実な層位的検討がなされているとともに、ナウマンゾウやオオツノシカの化石、さらに豊富な植物化石（花粉）など、陸上のローム層の遺跡では期待できない自然環境を復元するためのデータが得られていて、最古の住民について多くの成果が期待される。

再三ふれたように、長野県は本州では有数の黒耀石産地をかかえている。それを原料にしたナイフ形石器・槍先形尖頭器《やりさきがたせんとうき》・細石器《さいせっき》などの石器が、諏訪・上小・佐久地区を中心地として、じつに豊富に発見されている。これらの石器群についても、佐久地区の八ヶ岳山麓を含めて県南地方は総体として関東地方（茂呂《もろ》系ナイフ形石器の共通性）につながりが深く、県北地方は同じ器種の石器でも頁岩《けつがん》製のものがほとんどで、そのつながりは越後・東北地方（杉久保系ナイフ形石器など）に強い。このように信州南北の地域差は、すでに万を単位とする先土器時代から始まっていたといえる。

縄文文化の確立

八ヶ岳東麓にある矢出川遺跡（一九八六年国史跡指定）は、わが国で最初に発見された細石器文化の遺跡として学史的に著名である。最近三年間にわたって、考古・地形・地質・植物・人類・民俗学などの多数の研究者が共同して学際的な総合調査を行い、更新世（洪積世）末から完新世（沖積世）初頭にかけての人類文化と自然環境の変遷に関して数々の成果をあげた。細石器文化は先土器時代の最終末期にあたり、日本ばかりでなく東アジア、いや世界全体におよぶ人類文化の変革期である。そしてこの細石器文化を基盤として各地にそれぞれの特徴をもった新石器文化が発生し、日本列島には縄文文化が誕生するのである。

いまから約一万三〇〇〇年前頃、おそらく九州の一角に土器が出現した。それは次第に日本列島を東に進み、信州でも須坂市石小屋洞穴遺跡をはじめ、諏訪湖底の曽根《そね》遺跡など全県に四十カ所にのぼる「草創期《そうそうき》」の遺跡を残した。

そして、その直後信州できわめて独特な変化の跡をたどることのできる、縄文時代早期の押型文系土器文化が発達した。飯田市立野・岡谷市樋沢・諏訪市細久保遺跡などは立野式→樋沢式→細久保式という押型文土器の型式の標式資料を出す遺跡として著名である。この押型文系土器文化は、長野県から西日本全般に分布し、関東地方の撚糸文系土器群《よりいともん》、東北地方の貝殻沈線文系土器群《かいがらちんせんもん》とともに、縄文文化の確立期を画する文化として重要である。

この後、早期末から前期にかけては、「縄文海進期」といわれる温暖期が訪れる。そうした中で、前期前葉には早期の押型文系土器群とはちがった意味で、東・西土器群の交流の中から初めての土着土器としての「中越《なかごし》式土器」が誕生し、それが神ノ木《かみのき》式・有尾《ありお》式土器へと継承され、信州的な縄文前期土器群が生まれたことを示唆する点は興味深い。

またこの頃から本格的な定住集落が生まれてくるが、それは、近年その保存をめぐって問題化した阿久《あきゅう》遺跡（国史跡）にみられる径一〇〇メートルを超える環状《かんじょう》集石《しゅうせき》群や、高床建物の存在が想定される方形《ほうけい》柱列《ちゅうれつ》など、この間の事情をよく示している。遺跡数は少ないとはいえ、この種の諸磯《もろいそ》式土器群の時代（前期後半）の様相は、次の中期文化繁栄への基盤がここに成立した証拠とみてよい。

縄文文化の繁栄

遺跡の数からいっても、その内容からいっても、縄文時代の信州はほかのどの地方よりも、石器時代の人びとの生活がもっとも活発に行われた地域の一つに数えられる。そしてその中心は、いまから約五〇〇〇〜四〇〇〇年前の期間にあたる縄文時代の中期であった。

県下には時期区分の明らかな縄文時代の遺跡は五八五〇カ所ある。そのうちじつに五四パーセントに相当する三一五八カ所が中期に属する。とくに八ヶ岳山麓をかかえる諏訪・佐久地区や、河岸段丘の発達した上・下伊那地区、ひろい山麓台地のある松本平の南半などにおいて、典型的な縄文中期文化の様相がとらえられる。

諏訪地区に属する八ヶ岳西南麓には尖石《とがりいし》遺跡や井戸尻遺跡など、国指定史跡を中心に二五

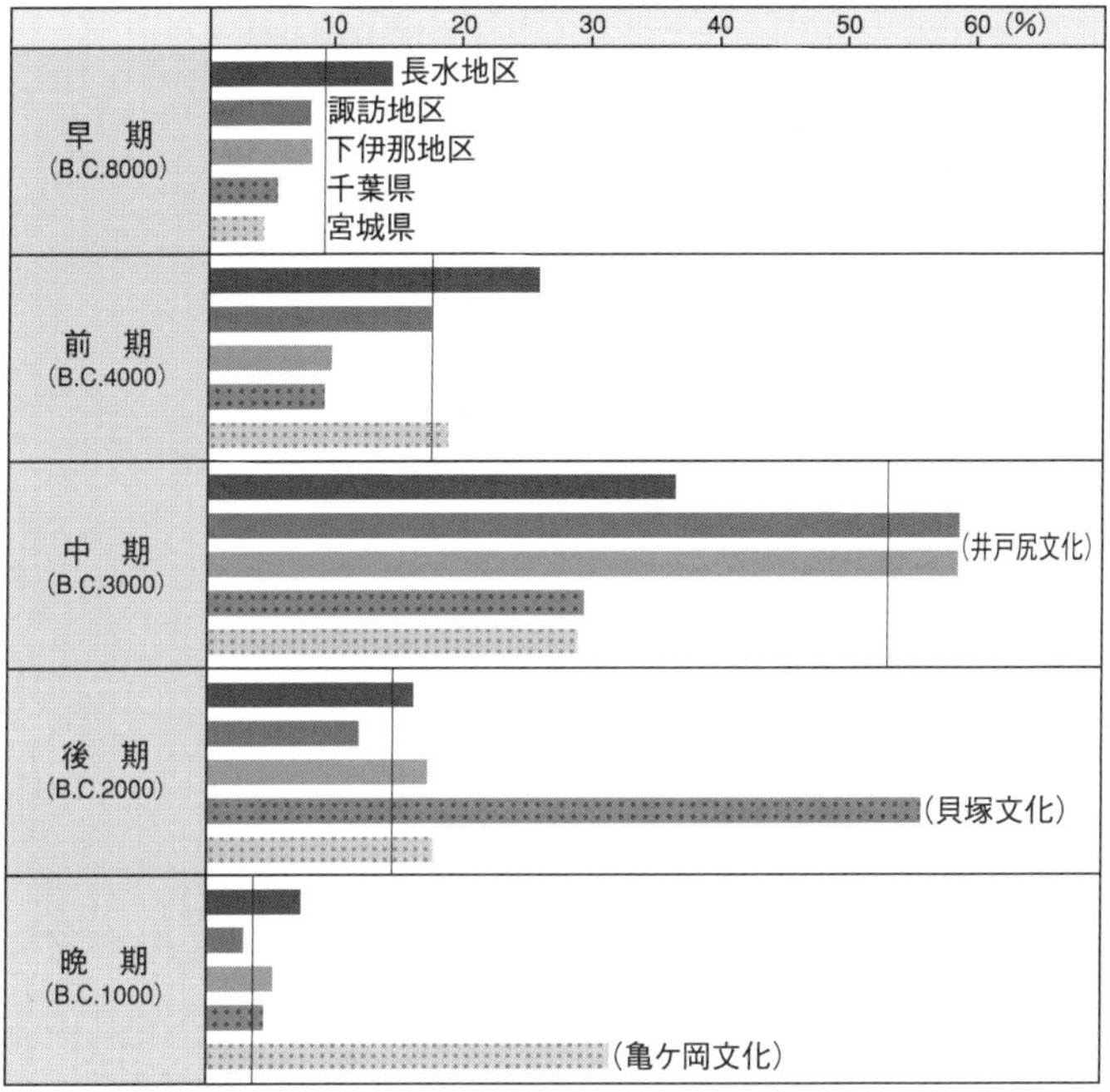

縄文時代における地域文化の成立
（各地域内の遺跡数の時期別比率、縦線は長野県全体の平均比率）

〇カ所ほどの中期の遺跡が存在し、それらは一定の領域を占有する十群内外の遺跡群を形成している。その一つひとつを縄文時代のムラの領域とすると、そこに約五十名内外の人びとが集団をつくって生活し、八ヶ岳西南麓全体では五〇〇人から時によると一〇〇〇人近い人口が養われていた可能性がある。約二〇〇平方キロメートルの面積の土地であるから、その人口密度は一平方キロメートルあたり二・五〜五人ということになるが、この数値はアメリカ大陸などの先住農耕民にもみられない高い数字である。

こうした現象や、さらに大集落の出現、石器や土器など生産・生活用具の特徴、また土偶《どぐう》や石棒《いしぼう》や土器の装飾などにみられる信仰ないしは祭祀的な資料のあり方など、さまざまな検討を通じて、縄文時代は狩猟・漁撈や植物採集を生業とする時代であるという定説に対して、縄文時代中期にはすでに原始的な農耕が存在したという仮説が、藤森栄一氏を中心として早くから提起されていた。これに対し縄文中期の繁栄は、暖温帯および冷温帯植生の混交地帯における堅果類の豊富さを基礎とした、生活の安定と人口の増加であると考える説もあり、最近では、エゴマやマメ類の炭化したものなど、栽培植物の遺存体も確認され、「縄文農耕論」はその内容を変えつつ仮説の段階から実証の段階に入ったとみるべき点もある。そうした資料も、そしてそれに対する研究も、南信地方を中心とした信州の縄文中期の豊富な遺跡と遺物によってうち出されたものである。

こうして縄文時代中期文化の異常なほどの繁栄は、信州や山梨県および関東地方西部でとくに顕著であるが、ほかの地方では別個な形で縄文文化の発展がみられる。それはそれぞれの地方に適応した生活があり、それが時期をかえて顕著な発達をとげたことを示しており、縄文文化の多様な「地域文化」の存在を暗示する（前頁図）。そのことを表徴的に表現するなら、「井戸尻文化」ともよぶべき中部山岳地帯の縄文中期の文化は、縄文文化を構成する重要な「地域文化」の一つということができる。

弥生文化の流入と地域圏

中期に爆発的な隆盛をみせた縄文文化は、全県的に後期以降急激に凋落する。その理由はよくわからないが、気候の冷涼化による自然環境の変化ともいわれる。この変転期、すなわち中期末から後期にかけて通常の住居とちがう敷石住居が出現したり、後期から晩期にかけて土偶・石冠《せっかん》など土製品や石製品に、何か呪術《じゅじゅつ》的要素の強い遺物が増えたり、遺物自体が極端に繊細化する事実は、変質をみせつつある縄文文化の背景を物語っていよう。

これを巨視的にみるならば、一一三頁図が示すように、県内における後期以降の遺跡の減少と時を合わせるように、関東地方の東京湾沿岸では「貝塚文化」の最盛期が訪れる。そしてさらに、晩期になると東北地方に「亀ヶ岡文化」が発達する。信州からも人びとの移動があったかもしれない。その移動の背景を縄文時代の生業と結びつけて図式的に描けば、植物食に対する依存度の高い生業（「井戸尻文化」）→貝類など沿岸漁撈に依存度の高い生業（「貝塚文化」）→河川によるサケ・マス漁撈の依存度の高い生業（「亀ヶ岡文化」）ということになろうか。

信州で晩期の遺跡数の比率が比較的高い飯水・長水地区など、千曲川水系下流の地域で発見される土器の主体は、亀ヶ岡式系統のものであることは先述したが、近代までサケがのぼる川として知られた信濃川・千曲川の流域に、「亀ヶ岡文化」の人びとが入り込むことはきわめて必然性のあることだといえよう。

しかし、それも信州の地に縄文文化の隆盛を復活させることはできなかった。時代は大きく変りつつあったのである。天竜川をさかのぼる西からの新しい文化が、下伊那の地域に定着しはじめたのは、弥生時代中期の初頭の頃だと考えられている。東海地方独特の貝殻条痕をつけた水神平《すいじんびら》式土器や、伊勢湾まで達した古い弥生土器の主流ともいえる遠賀川《おんががわ》系土器の一部、西志賀式土器をもった人びとが、林里・苅谷原・庄ノ畑遺跡など、天竜川ぞいの低地に水田をひらきながら、次第に上伊那・諏訪地区へと進出した。そしてその余波は長野県の中央地帯を突破して、弥生中期中頃までには善光寺平に達し、伊勢宮遺跡などを残し、中期後半になると栗林遺跡にみられるように、そこには伊那谷とは様子のちがう弥生文化を定着させたのである。

土器にはまだ縄文土器の文様の伝統が強く残り、一方、細形管玉《くだたま》や勾玉《まがたま》を盛んにつくった。しかし、水田適地の低湿地に恵まれた千曲川流域での弥生文化の成長は急速で、後期にはきわめて地域色の強い田草川尻・四ツ屋・御屋敷・桙木・一本柳遺跡などにみられる箱清水式土器文化圏を千曲川沿岸地方全体に成立させ、峠を越えて、その波は北関東にまで及んでいった。こうした力は、やがて善光寺平南部に地方王権的色彩の濃い森・川柳将軍塚古墳などに表徴される大形古墳を出現させる基盤をなしたものと思われる。

一方、伊那谷などはつねに東海・近畿地方の新しい文化の流入路であった。弥生時代後期の北信地方と対立する月夜平・田村原・座光寺原遺跡などに代表される中島式土器文化圏の土器も、東海や伊勢湾地方とのつながりがきわめて強かった。そうした他地域の文化を吸収しながら、伊那谷の弥生時代の人びとは石ころの多い、固い段丘の上に畑をひろげていった。もう千曲川流域では石器を用いる時代が終わって鉄の道具に代わろうとしているころ、伊那谷でははるか昔の縄文時代中期に発達したような石鍬や石鎌が盛んにつくられ、それを道具にして陸耕を進めていた。こうした弥生文化は全国的にみてもめずらしい存在であり、停滞性というよりは伊那谷の弥生時代人の独創性といえるかもしれない。

古代史への動き

松本平の一角、塩尻市柴宮遺跡でこつ然と発見された一個の銅鐸は、それが東海的色彩をもった弥生文化の確実な波及の証拠であるという以上に、畿内地方に生まれようとしていた古代政権の政治の匂いを強くもっていた。また一方、北の千曲川流域でも若宮遺跡の銅剣、上ノ平遺跡の巴形銅器、社宮司遺跡の多鈕細文鏡《たちゅうさいもんきょう》片など畿内的な要素の伝来がみられ、地方色豊かな弥生文化の中に畿内的文化の影を残している。

また、各谷・盆地の集落遺跡内に発見された方形周溝墓《ほうけいしゅうこうぼ》は、部落内に「長」が出現していたこと、そして溝を共有している周溝墓群からは「長」の系譜が育っていることがうかがわれる。松本市弘法山《こうぼうやま》山頂に築れた前方後方墳は、まさに首長に成長した古代政権の最初のはっきりした信濃への君臨の姿である。

次いで、善光寺平に弥生時代以後の伝統を基盤としていくつかの「将軍塚」を名のる前方後円墳が築かれるが、このうち森将軍塚古墳のあり方は、畿内勢力と結合した地方政権の発生を推測させる。なお、いままでこうした現象を更埴地方を中心に考えていたが、最近の調査で意外と北方―善光寺平北半にまで波及していることも判明している。

神坂峠越しの下伊那地区を拠点として、畿内の政治と文化がひしひしと流入した。埴輪をめぐらした古墳の横穴式石室内から出土した鏡や、金色に輝ける武具・馬具・装身具がそのあらわれで、やがてそれら単独の古墳を核として群集墳が形成されていく。各地の広々とした段丘・山麓・高原地帯などを利用して、信州の各地で牧が開かれ馬の生産が活発になり、地域によっては渡来人の入植もみられた。高井郡などの積石塚古墳は、合掌《がっしょうがた》型石室と称する高句麗系の墓制を残していて、渡来人・古牧と三位一体的な関係をつくり上げている。

律令国家の成立・発展にともなう奈良・平安時代に入ると、この山国の谷や盆地にも条里がひかれ、官衙《かんが》・国分寺などが設置され、科野（信濃）国としての政治的機構のもとにおける生活や風俗の展開がみられるようになった。現在、官衙遺構の存在は信濃国分寺・尼寺以外定かではないが、集落遺跡が飛躍的に増加している点があげられる。奈良時代はまだ弥生・古墳時代の遺跡と重複している程度だが、平安中期以後になると、従来遺跡のみられなかった地域にまでひろがってきており、来たるべき中世への胎動が感じられる。

原始から古代への歩みは慌ただしかった。先土器・縄文・弥生・古墳時代へと、長い歴史を通じて生まれ、また亡びていったいくつかの特色のある地域的な文化も、それを担った人びとの生活も、日本古代国家成立期の波の中に吸収されて、中世を迎える時代には、また複雑で多様に区分された地域の中で、人びとはその土地の自然にかなった独自の世界に割拠するようになるのである。

（II章　一九八二年十二月『長野県史』第一巻(2)、原題「長野県の遺跡概観」）

Ⅲ　信州の歴史のみち

三万年の人類史が動いたみち

氷河のみち

信州路にどこから、いつ、はじめて人類が足を踏み入れたのか、それはまだ考古学的に確実には証明されていない。

いまから約一万数千年前以前の時代を、地球の歴史の上で第四紀更新世《こうしんせい》（洪積世《こうせきせい》）という。その最後の時期に近い約三〜二万年前、日本列島は第四氷期とよばれる氷河時代のまっただ中にいた。

この時代、年平均気温はいまとくらべて七〜八度も低かったといわれるから、日本の屋根といわれる山国の信州の寒さは、想像を絶するものだったにちがいない。植物学者や古環境学者が復元図で示す信州の高原の大半はツンドラの荒野で、また盆地の平地は亜寒帯針葉樹林におおわれているという景観だった。その寒さは、標高二五〇〇メートル前後の高山帯に年中住んでみれば、現代のわれわれも味わうことができよう。

しかしこの寒さの中、すでに信州に住む人びとがいた。県北の野尻湖立《たて》が鼻《はな》遺跡では、三万年を超す古い地層から、人類の生活の痕跡を見いだせる可能性が、だんだんと強まってきた。いま、一年の多くを湖底に没するこの遺跡は、かつては更新世の大形獣、たとえばナウマンゾウやオオツノシカがひんぱんに行きかう沼沢地であって、沼に面した台地に居を構えた先土器《せんどき》（旧石器）時代人が、勇壮なゾウ狩りやシカ狩りをした場所であった。

ナウマンゾウ狩りが彼らの生活の伝統だとすれば、その伝統は三万年前はおろか、ナウマンゾウが日本列島に生存した何十万年前にまでさかのぼることだってあり得る。そして、おそらくその歩んできた道は、氷河の発達にともなう海水面の著しい低下で陸化した、日本列島と大陸の間を結んだ海峡のみち、すなわちランド・ブリッジ（陸橋）や、狭い海峡を閉ざした厚い氷のみちであった。

そのみちは全地球的な規模で、はてしなく世界につながるみちでもあったはずである。

黒耀石のみち

いまから約三万年前以降、まだ氷河時代の寒冷な気候は居座ったままであったが、信州の地には先土器時代の人びとが旺盛な生活の跡を残した。県下の各地に発見されているこの時代の遺跡の数は三〇〇をはるかに超す多さで、隣県の新潟、山梨県などとくらべても、数倍から十倍近い遺跡数のひらきがあり、全国でも有数な先土器時代文化の繁栄地である。

先土器時代の人びとは万で数える永い生活史の過程で、たゆみない工夫と、すぐれた加工の技術を開発しながら、ナイフ形石器や槍先形尖頭器《やりさきがたせんとうき》、さらに時代が新しくなると、細石器《さいせっき》といわれるような数々の狩猟用の道具を石でつくった。

そうした石の道具をつくるのに、われわれの祖先たちは、きわめて神経質に石材を選んだ。どこの河原にも累々と転がっている礫《れき》や、身近なガレ場に崩れているようなどんな岩石でも手あたり次第に拾って、それで石器をつくるわけにはいかなかった。思うように石を割って、必要なところに刃をつけ、目的にかなった形と機能を備えた道具に仕上げるために、石の性質と加工の力学との間にある物理的原理を、人類は三〇〇万年に近い石器製作の歴史の中で、経験的に体得していた。

堅くて、質が緻密でかつ均質であり、しかも割りやすくて、割れ口の縁が鋭利な刃をつくり出す、いうなればガラスのような石が彼らの望む最高の石材であった。そんな理想の岩石があるのだろうか。ところがそれが実際にあったのだ。それも信州の山には豊富にあったのである。

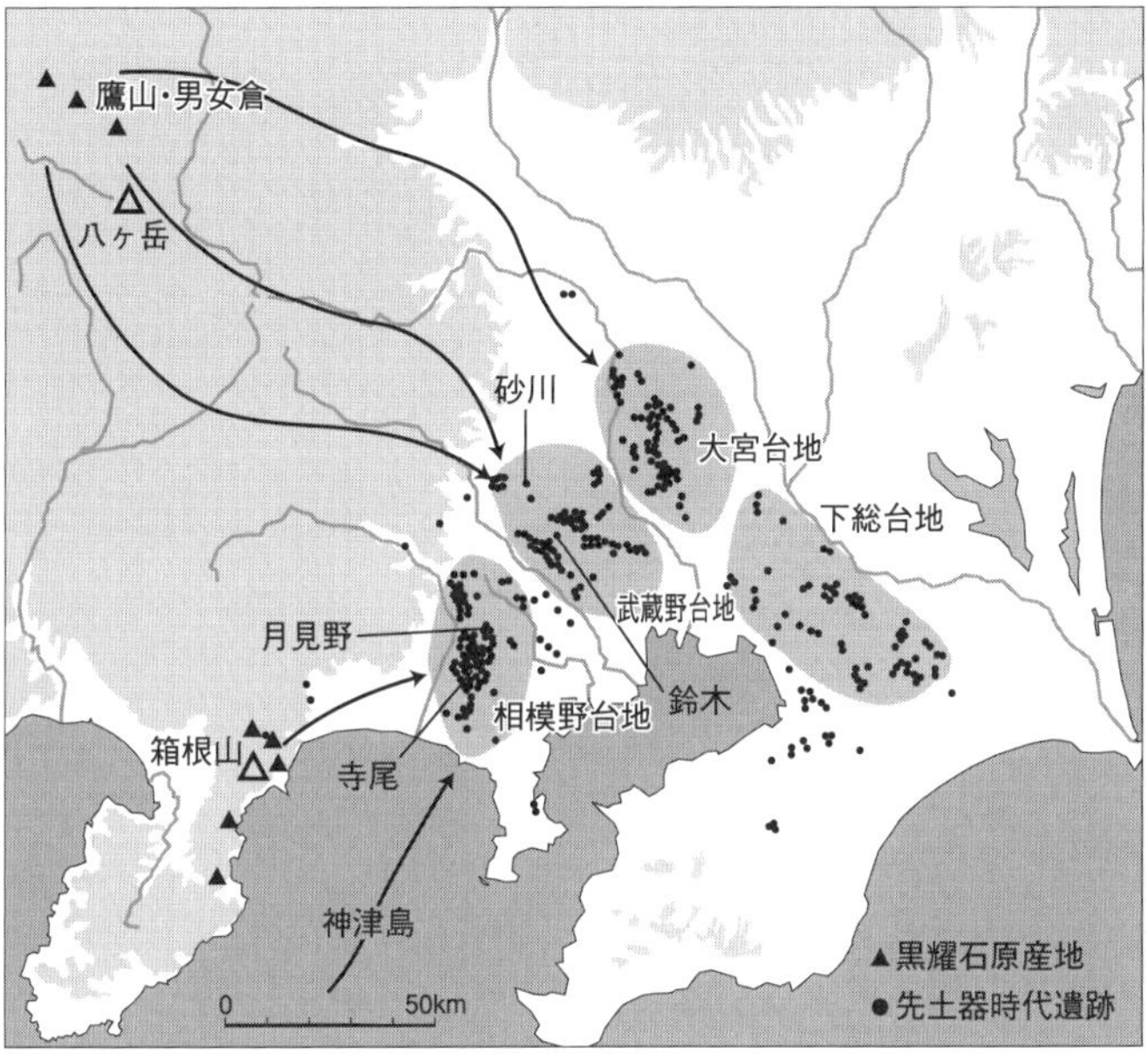

黒耀石のみち（先土器時代の南関東へのルート）

それは黒耀石《こくようせき》である。黒耀石は火山の噴火にともなって流出するある種の溶岩が、きわめて急速に冷却した結果できた、いわば天然ガラスである。

たくさんの火山に恵まれた信州の山々のうちでも、霧ヶ峰・八ヶ岳火山には、あちこちに黒耀石の露頭を見るところがあって、そこには必ずといってよいほど、先土器時代や縄文時代の遺跡が、密集するように発見されている。広大な霧ヶ峰高原から和田峠、そして小県《ちいさがた》郡の谷に降りた男女倉《おめぐら》や鷹山《たかやま》の一帯、奥蓼科《おくたてしな》、八ヶ岳東麓の野辺山《のべやま》や松原湖・八千穂の高原一帯などは、まさに「先土器の里」というにふさわしい、日本でも代表的な遺跡地帯である。

それらの遺跡群の中には、そこで黒耀石を採掘し、加工して多量の半製品をつくったと思われる場所もある。そうした黒耀石の原石や半製品は人びとの背に負われ、良質な石材に恵まれない遠い関東平野や、信州の周辺地域の先土器時代のムラに運ばれていった。東京都小金井市のある遺跡では、出土した黒耀石三十一点のうち、霧ヶ峰産のもの十二、和田峠産九、他は箱根産の黒耀石であった。千葉県の一遺跡では分析例十五点中、不明の二点を除くと、他はすべて冷山《つべたやま》・和田峠産という信州の山から運ばれた黒耀石であったという結果が示されている。

黒耀石の大産地を控えた信州の先土器時代人は、石器のおよそ八〇パーセント以上を黒耀石でつくった。しかし産地から遠い関東地方などでは、黒耀石より質的に劣る各種の堆積岩や火山岩で、より多くの石器をつくらねばならなかった。そのような人びとにとって、黒耀石は石器の原材という以上に、「宝石」に近い輝きをもつ一種の〝ブランド品〟として重宝されたとみられる節もある。

このように、信州の特産黒耀石は、もう三万年も前から広く各地にその名を知られ、「ストン・ロード」ともいうべき信州へのみちが脈々とつながっていたのである。みちといっても、それは尾根と谷を伝う「かもしかみち」のようなものだったろう。しかしそこに出没する人びとによって、古くから黒耀石や物が動き、文化が行き来し、信州は先土器時代文化のもっとも発達した土地として、日本列島人類史の中に重要な位置を占めるようになったのである。

「縄文王国」のみち

いまから約一万年前、ナウマンゾウやオオツノシカが信州の山野から姿を消す頃になると、先土器時代の文化も縄文文化に変わっていく。氷河時代の寒さから解放されて、後氷期の、やや暖かい気候がよみがえると、信州の大地も次第に落葉樹の森と草原の世界に変身していった。

その中で、自然と共生し、森と林の恵みを最大限に活用した縄文文化が芽ぶきはじめるのである。研究の最終的な結果についてはいまなお考古学界に議論を残しているが、縄文文化の確立期（早期、約八〇〇〇年前）、中部地方以西の西日本に、最初にまとまりのある文化圏を形成した「押型文《おしがたもん》系土器文化」といわれる文化は、土器の型式の研究や、石器などによる文化現象の研究を総合すると、その中心と源流の地は信州にあった可能性がかなり強い。

先土器文化から縄文文化への転換は、世界史的な対比をあえて行えば、旧石器文化から新石器文化への人類史的な変革の一環である。もし信州の地が日本列島におけるその変革の一翼を担ったとすれば、その要因はなんであったのか。

先土器時代以来のストン・ロードのにぎわいは縄文時代にも衰えなかった。縄文人が生活基盤とし、またそれゆえに調和をはかった山野の自然も豊かであった。それらの理由もふくめて、それ以外のさまざまな活力の源が、信州の土地と、そこに住んだ原始の人びとにはあったにちがいない。考古学の研究は近い将来、その歴史のメカニズムを明らかにするだろう。

こうした確立期の過程を経て、縄文文化は信州でも、日本列島全体としても約一万年にわたる期間、日本列島独特の石器時代文化をつくりあげる。その永い縄文時代史の消長の間には、時期によって、また地域によって、さまざまな変容の姿があるが、総じてゆるやかな発展の段階をたどる。

約六千年前、縄文時代の編年では早期から前期にかけての時期であるが、日本列島は後氷期の最温暖期を迎える。本州を東西に分ける照葉樹林帯《しょうようじゅりん》（西日本）と広葉落葉樹林帯《こうようらくようじゅりん》（東日本）という、現在にいたる植生圏は安定する。信州はその東西の接点として、地形区分の多様性とあいまって、自然環境は多様で、そこから生み出される生活資源も豊富な、まさに自然と共生する縄文的生活の天国をつくり出した。

この恵まれた環境を基盤として、縄文時代前期、それにも増して縄文時代中期には、全日本列島の縄文文化の最盛期を代表するような「縄文王国」が現出したのである。

県内で発見されている縄文時代遺跡のうち、遺跡が残された時期のわかるものは約六千カ所ある。その中で縄文時代中期の遺跡は五〇パーセントを超す三一五八カ所もある。とくに諏訪・伊那・松本盆地における遺跡の集中度は、全国のどの地域にもまして顕著である。

信州を舞台に縄文文化の極盛の様相を生み出した中部山岳地帯的な縄文時代中期の文化を、八ヶ岳山麓の代表的な遺跡名を冠して、学界では「井《い》戸《ど》尻《じり》文化」とよぶことがある。

「縄文王国」の繁栄を表徴する神像筒形土器（井戸尻考古館所蔵）

縄文人の原始的な活力のありったけをぶつけて造型した、豪華で躍動する数多くの縄文土器、八ヶ岳山麓の台地に星座を散りばめたように分布する縄文時代では最大級の大集落、そして現代人の思惟をはるかに超越する土器のデザインや土偶や石棒、自然との調和ないしはたたかいのための宗教的イデオロギーの発露等々、「井戸尻文化」は縄文文化と縄文人の根幹をなす特性の象徴である。

そのような縄文文化の活力の基盤には、日本最初の原始的な焼畑農耕があったのだという学説が、この信州の考古資料を中心に提示され、いま日本考古学界の最大の研究テーマとなっている。

広大な火山灰台地や河岸段丘など、信州の高原に栄えた縄文中期の文化は、日本の屋根信州に集まる大小の河川にそったみちを経て、下流の各地に広く伝えられていった。それは個々の物品の移動にとどまらず、文化や、時には人をともなった「縄文王国」信州からつながる、まさに「王道」のような、確かな太いみちであったにちがいない。

鮭のみち

いまから四、五千年前、「縄文王国」といわれるほどの繁栄を誇った信州の縄文時代中期の人びとの生活は、縄文後期の段階を迎えると急におとろえはじめた。遺跡の数も、したがって人口も減少し、文化全体の活力もおとろえ、独自性も次第に消えていく。おそらく大きな河辺に、あるいは遠い海浜地帯に新しい生活の場を求めて、移動していった人びとも多かったと思われる。

縄文時代の最後の時期、晩期になると、その衰退ぶりはますます顕著で、たとえば縄文中期に三百カ所以上の遺跡を残して、「縄文王国」の中核地帯をなした八ヶ岳西南麓では、わずか数カ所の小さな晩期の集落が記録されるにすぎないという状態にまでなってしまう。

しかしこの時期、北信・東信地方を貫く大河、つまり千曲川（信濃川）に沿った地域には、亀ヶ岡式系土器という東北地方で特徴的に発達した土器をもった人びとが、河の恵みに頼るような生活立地を守りながら、信州の土地に深く浸透している。

亀ヶ岡文化は縄文時代の最後の時期（晩期）に、東北地方で特徴的に発達した文化である。その経済的基盤は海の沿岸、そして河川流域で盛んに行った漁撈生産だったとされている。つまり安定した食料源として、毎年きまって沿岸に近づき、あるいは河川を遡上してくる鮭・鱒を大量に捕獲し、干物にしたり燻製にしたりして、それを一年中保存可能な食料にすることのできる、安定した生産技術をもった人びとが生み出した文化といわれる。

これは豊かな山麓の山の幸で栄えた縄文中期の生活が、気候変動などの影響で衰退した後、川の幸に依存する生活を営んだ人びと、そして北の地から新たに「鮭のみち」をたどってきた人びとの足跡を示すものだろうと思う。縄文時代の終わりは鮭を追って生きた、北信州の縄文人たちが、一つの文化のひろがりをつくったのである。

稲のみち

「鮭のみち」の世界が千曲川水系を中心にしてひろがっていた頃、南信州の伊那谷や諏訪盆地などの天竜川水系、そして木曽川をさかのぼる木曽谷や松本平には、北の亀ヶ岡式系土器とはまったく異なった特徴をもった土器がひろく分布している。

それは条痕《じょうこん》文系土器と総称されるもので、表面を複雑な文様で飾られた美しい土器が多い亀ヶ岡系土器群にくらべて、形も単純でつくりも粗末、加えて土器を飾る文様はほとんど見られず、わずかに貝殻の縁で表面をこすってつけた条痕が器面に残されているだけの土器が大部分を占めるというものである。

しかしこの粗末な条痕文系土器の背後には、重大な歴史の動きが秘められている。一つにはこの土器は南信濃の地から西日本各地を経て、遠く九州にまでつながりをもつという点、そしてさらに見逃せないことは、この土器には、しばしば粘土がまだ柔かいうちに稲籾《いなもみ》が土器にくっついた圧痕がみつかり、またこの土器を使った人びとの西日本各地の遺跡では、すでに米づくりを始めていたという証拠がある点である。

つまり天竜川や木曽川をさかのぼって、南から信州の地に入りこんだ条痕文系土器をもった文化は、その故郷である九州や近畿地方では、すでに水田を耕作して稲をつくることを知って

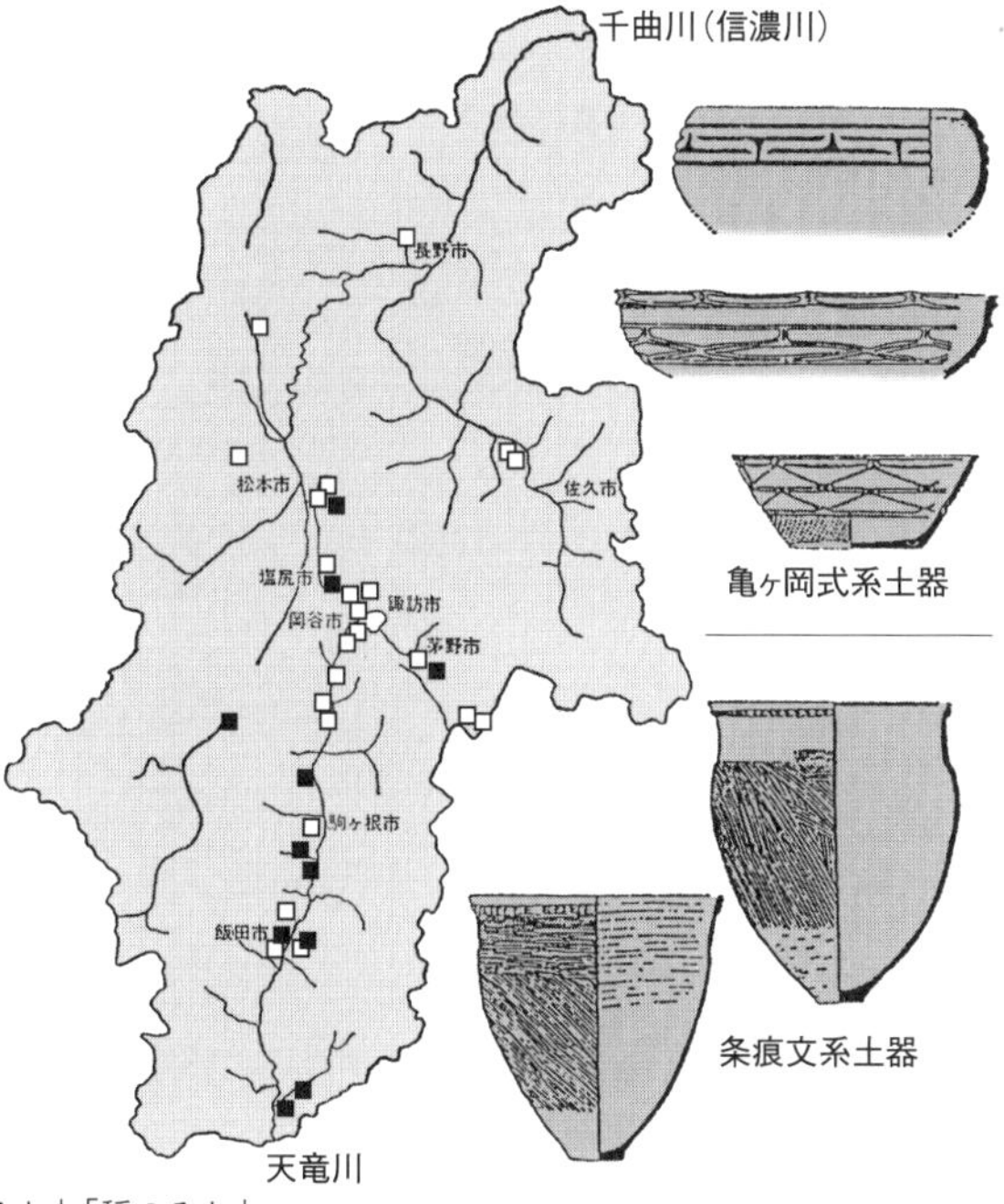

「鮭のみち」「稲のみち」
亀ヶ岡式系土器（□）と条痕文系土器（■）の分布（百瀬長秀氏による）

いた人びとの文化だったのである。

こうしてみると、縄文時代の最終末期、あるいは弥生時代の幕あけの時期ともいえるこの時期には、信州の地は千曲川水系と木曽・天竜川水系、いいなおせば信州を南北二つに大きく分けて、日本列島の東西の文化が並存しているといってよい。

このように信州を南北に分けて文化が相対峙する姿は、古い先土器時代（旧石器）にもあり、縄文時代の変遷の過程でもしばしばみられた。そして縄文から弥生に変わる「稲のみち」の時代を経て、弥生時代から古墳時代、さらに古代国家が成立して現代にいたる歴史の動きの中でもみられたことである。

その意味で、時代や文化の変わり目に、日本列島全体の歴史の動きを反映するように、信州が南北に分かれてかなり顕著な地域差を示すことがあったことから、信州を「文化と歴史の十字路」などとよぶ人も少なくない。

縄文時代最終末期にみられる「鮭のみち」と「稲のみち」の二つのみちの交叉は、まさに信州が「文化と歴史の十字路」であることの表徴的な出来事といえよう。

古墳のみち

弥生時代にも信州では大きな歴史のうねり、あわただしい文化の流入があった。それを受けていくつかの盆地や大河の流域に、小さなクニグニを生むそれぞれの胎動がみられる。いわゆる「邪馬台国の時代」であった。

古墳の登場は信州の地域に分立したクニを、次第に統合する政治権力の出現のあらわれであり、地域社会を支配する権力者と、支配される民衆が身分的・階級的に制度化される時代への変化がおこったことを意味する。

日本でその古代政治権力の頂点に立ったのが、畿内地方を中心として成長したヤマト政権であったことは、改めていうまでもない。そのヤマト政権と直接、間接の関係をもちながら、各地に地域政権が力を伸ばすのである。そのことは多くの古墳の築造（古墳群）、とくに前方後円墳とか前方後方墳などといった、ヤマト政権の王や豪族たちの墓の形を真似た大型古墳の存在、さらに神秘な宝物とみられた銅鏡などの副葬品の保有の程度によって、ヤマト政権との関係の強弱、したがって地域政権としての権威の高低が評価されるのである。信州ではどうだったのだろう。

信州の最古の古墳は松本市にある弘法山《こうぼうやま》古墳という前方後方墳《ぜんぽうこうほうふん》である。年代からいうと西暦三二〇〜三三〇年、つまり四世紀の前半で、信州最古の古墳といっても、先進地域の畿内にくらべると一世紀近くも遅い。後に信濃国府が最初におかれるほどの信州の中心部松本平には、弘法山という最古の古墳が築かれながら、その後、目立った古墳の築造がみられない。同じことは次に国府のおかれた上田盆地にもいえることで、上田盆地の古墳はあまり発達していないのである。考古学上の事象と古代史の間にある今後の興味深い研究課題であろう。

ところで弘法山古墳のあった松本平に続いて、古墳時代の前期という時代に、おそらくヤマト政権から贈られたであろう銅鏡などの宝を多くもつ、大形の前方後円墳《ぜんぽうこうえんふん》が相次いで築造されたのは善光寺平であった。

ここには川柳《せんりゅう》将軍塚・森将軍塚をはじめ、「将軍塚」の名を冠する大形の前方後円墳が、比較的近接した場所に集中して、二百年近くの間にあとからあとからつくられている。おそらく後世の人びとが

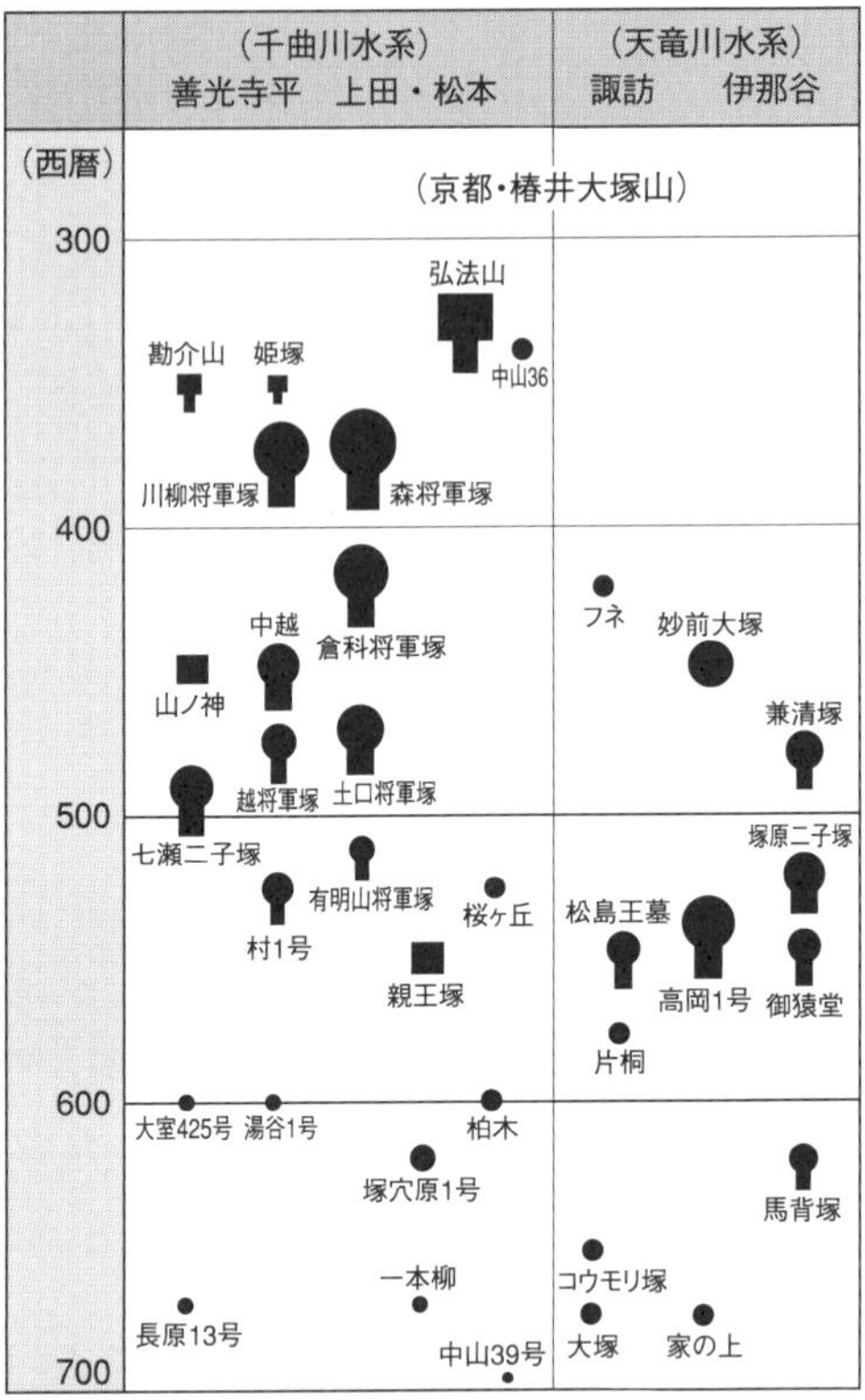

信州の古墳の変遷

つけたであろう「将軍塚」の名前だけにこだわっていうのはまちがっているが、古墳の特徴や性格を考古学的に研究した成果をもとに、多くの研究者はこの地で「信濃王権」の世襲的継承が行われた可能性が強い証拠だと考えている。

なぜ北信州の善光寺平が「信濃王権」の誕生地であり、またその後しばらくその政権の所在

地であったのか。くわしい説明をする余裕はないが、善光寺平に信濃政権を成立させた背景は、その直前の弥生時代のこの地域の富の蓄積があげられる。そのことを暗示する考古学的証拠のひとつとして、弥生文化特有の青銅器（銅剣・銅矛《ほこ》・銅鐸・銅釧《くしろ》等）の分布が、圧倒的に千曲川水系の北・東信地方に集中していることがあげられる。

これはおそらく千曲川流域、とくに善光寺平に、豊かな稲作を助ける水田可耕地がひろがり、農業の経済基盤が早くから整備されていた結果であろうと推測され、その経済力を用いて西方の先進地域との交流が活発であった結果によるものであろう。

要するに弥生時代から培った稲作を主とした経済的基盤の上に、自然発生的に強固な社会的なまとまり、いうなれば小さなクニ（地域の研究者たちの間で「赤い土器のクニ」と呼ばれることがある）のまとまりができ、その指導者がやがてヤマト政権とつながりをもって、ついに信州に土着した伝統的な支配者として、「信濃王権」を確立したという、歴史の図式が描けるものと考える。ただし、弥生時代以来、畿内から北信州へ富を流通したみちは、考古学的にはっきりと推定できていない。

西暦四〇〇年から五〇〇年、とくに六世紀代に入ると、大型古墳の分布の中心は伊那谷南部、天竜川中流域の飯田盆地に移ってしまう。そして相対的に善光寺平の「信濃王権」の力は衰えたといわざるをえなくなる。新興の伊那谷の古墳は、善光寺平のそれにくらべて年代的にかなり新しいということもあるが、古墳に納められた被葬者の権威を表徴する副葬品に馬具が非常に多く、とくに入念につくられた装飾馬具の類が目立つ。さらに金箔で包み込んだ太刀や個人用の華美な装身具などがみられ、なかには都の貴族でしかもち得ないような珍貴な宝物もある。

全体として印象的な観方だが、善光寺平の古墳や副葬品は、なにか〝いぶし銀〟のような重厚で伝統的なおもむきがあるのに対して、伊那谷のそれは〝きんきらきん〟で派手な〝流行品好み〟といった感を受ける。たいへん乱暴で非学術的な比較であるが、そうしたちがいがあらわれるには、それ相応の理由があるのである。それは何かというと、伊那谷の古墳の被葬者は、ヤマト政権から直接信州に送りこまれた管理支配者、つまり中央から地方に出向した高級官僚のような立場の人たちだった可能性が強いということが、以前から何人かの研究者によって指摘されている。

故藤森栄一氏は伊那谷の古墳の性格を、ヤマト政権が信州の地方政権や豪族の動きを牽制しながら、たとえばこの後すぐ官牧となる信濃十六牧といった、信州各地にたくさんあった牧を、一元的に管理し支配するために、中央から派遣された官人の墓であったろうと推測している。

その頃、馬は乗馬として、それ以上に軍馬として、中央集権国家をめざすヤマト政権にとっては、きわめて重要なものであった。信州は東国第一の馬の生産地で、その支配は不可欠な政治課題であったはずである。そのために派遣された地位の高い官僚が、伊那谷に特色のある古墳を多くつくったのだというのが、藤森氏の仮説であった。この仮説は「ヤマト政権」とも、「大和朝廷」ともいわれる強大な政治権力が、東国に向けて本腰を入れて信濃の支配をはじめた、その歴史的、政治的背景をよく理解することのできる、興味深い説明だと思う。

そして伊那谷（飯田盆地）の大古墳群の位置する場所が、神坂峠《みさか》の険路を降ったすぐ麓の一帯にあることからみても、この古代「政治のみち」はまぎれもなく、律令体制のもとで整備される「東山道」そのものであり、神坂峠を越えて都に近づく古代においてはもっとも確かなみちであったということができる。その峠の麓に古墳をつくった主は、信州の各地から集めた駒を曳いて、一年に一回、懐かしい都へ、神坂峠を越えて行ったのであろう。

現代のみち

以上、大急ぎで三万年前から古代にいたる信州の歴史のみちをたどってきた。形となって残る道路には一つも出合わなかったが、みちには時代によっていろいろのあり方があるということが、おぼろげながらわかった。それをまとめて要約すれば次のようなことになろうか。

○日本列島に人類史の曙をもたらせたであろう「氷河のみち」。
○きびしい氷河時代の環境の中で遊動した旧石器人の「けもののみち」（本書では略）。
○信州最大の資源である黒耀石を運んだ、交易の道ともいえる「黒耀石のみち」。
○信州が生んだ創造的な縄文文化を、広く四方に伝えた「縄文王国のみち」。
○文化と歴史の十字路ともいわれる信州の地を二分して、時代の移り変わりの姿をはっきりうつし出した「鮭のみち」と「稲のみち」。
○信州を古代国家の中に編成していった「古墳のみち」と「政治のみち」。

これらのみちについておしなべていえることは、それぞれに性格や背景がちがっていても、それらは長い信州の歴史（信濃史）の発展・消長を支えたみちだったということである。蛇足になるかもしれないが、「現代のみち」について最後にふれておきたい。

みちの歴史をたどってみて、みちはそれぞれの時代にとって大きな意義をもつものだということを知ることができた。それゆえにこれから現代の私たちがつくるみちも、信州に生きるみんなにとってどんな意義をもつみちなのかを考えることが必要である。当面の対象はいま工事が急がれている高速道路や新幹線である。それによって長野県民や、信州を訪れたり、あるいはここを通過する人びとにとって便利になることは事実である。逆にその利便さから遠ざけられる人びとも少なくないかもしれない。いったいこの新しい道路・鉄道というみちを通って、信州の地に何がもち込まれ、またもち込もうとするのか、そしてそのことが将来、県民（信州人）の生活にどんな幸せと、あるいは逆にいかなる不幸せをもたらすことになるのか、そうしたことを真摯に考える「哲学」がほしいと思う。

もし便利さや経済効率ばかりを優先して、道路や鉄道をつくることに追われ、自然も歴史も文化財も、そして信州らしい文化の伝統を大切にしないようなみちづくりでは、信州の大地と住民の心を荒廃にみちびくのではないかと怖れる。未来の史家に「信州荒廃のみち」などと評価されないような、「現代のみち」を切り拓きたいと祈る気持ちや、切なるものがある。

（一九八五年一月『信濃路』四七号、原題「狩りの民と信濃への道」
一九八九年九月『文化財信濃』一六―三、原題「考古学から見たみち」）

「古道」人間史が流れるみち

さがし求めてみえるみち

一九六六年、この本『古道』が学生社から出版された時、哲学者の串田孫一さんが、こんな推薦文を寄せた。

「旅の好きな人、とくに信州の山々を好んで歩いている人ならば、この本は、一度読み出したら手離せないだろう。古道、それは気軽に辿れる道ではなく、根気よくさがし求めて、やっと見当のつく道。地図をひろげて私は徹夜した。」

それから三十年余、著者藤森栄一が亡くなってから二十年以上を経たいま、この本が「学術文庫」(講談社)の一冊として、生まれ変わることになったのを機に、たまの休日の一日、私も串田さんと同じように、地図をひろげ、加えて歴史の年表や郷土史の頁を繰りながら、朝から深夜まで、『古道』の世界に没入した。

そして、串田さんのすてきな推薦文の冒頭の言葉に並べて、「歴史の好きな人、とくに地に根ざして生きた人間を愛する人ならば、この本は、その人の身近にある歴史の意味に、気づかせるだろう」と、はなはだ生半可な一言を加えたい気持ちになった。

古道が語る人間史

『古道』全編は、第一章「灰の中のオアシス」から、第十九章「久遠の旅行者」まで、十九の章から成り立っている。そしてそれら一つひとつは、鋭い感性と深い洞察で磨かれ、著者独特の語り口で綴られた、親しみやすい論文であり、また紀行文であり、時には「追跡小説」といってもよい記述まで交えた、総じて、珠玉のようなエッセイ集であるといえる。念のため以下に全十九章の表題を掲げる。

「灰の中のオアシス」「黒耀石槍の狩人」「ルング・ワンダリング」「草原の放浪者」「人喰い沼」「雑木林の道」「林と村」「ヒスイと黒耀石の道」「塩水から淡水へ」「石の斧と木の鍬」「手繰られた糸」「氏族放浪」「牧を追って」「さまよえる異国人」「峠の路」「一枚の和銅開珎」「山を拓く錫杖」「鎌倉へ鎌倉へ」「久遠の旅行者」以上である。

学術的な論文とはいえないこの十九のエッセイは、何万年前の火山灰が降りつもる氷河時代に、ナウマン象を追う旧石器人から、山本茂実さんが『あゝ野麦峠』に書いた近現代の製糸女工たちの話まで、長い人間の歴史を、考古学者の手法で、民衆史、というよりは「人間史」の立場からたどった、じつにユニークな歴史書でもあるところに、この本の大きな特徴がある。

いうまでもなく、その悠久ともいえる長い人間史を貫くキイワードが〝古道〟である。しかしその古道は、歴史学者や地理学者が研究の対象とする、古代の道とか前近代の旧街道といった狭い意味の古道ではなく、いつか過去の時代に、人びとの生活がそこに息づき、人と人とが哀歓を分ち合い、なんとはなしに人びとに郷愁を誘うような、そして遂にいまは地上から失われてしまった道。再びここで串田さんの言葉を借りるならば、「根気よくさがし求めて、やっと見当のつく道」こそが、著者が求め、歴史の中によみがえらせたい古道だったと思われる。

この本の終章で著者はいう。

「どの、なんという道が、どこをどのように通過していたかということより、本当は、そこをどんな人生が流れて行ったかということの方が大切なようである。私のこの古道巡礼も、古道の研究のために、何一つプラスしたものはないかもしれない。しかし、人間という久遠の旅行者の、永遠にはてしない夢がそこに埋もれていて、みんなまた、それをつないで流れて行く一人だということは、たしかのようである。」

この言葉の中には、古道はただたんに一つの歴史遺産としてそこにあるのではなく、久遠の歴史の中で培われた人のこころの問題として、いまの人生を生き抜いていく道標《みちしるべ》の意義があるのだと訴えたいという、著者の切々たる想いがあるのだと受けとめられないだろうか。

自然と人の歴史叙述

著者藤森栄一は著名な考古学者である。著名といっても学界的な栄誉や地位を得た学者としてではなく、〝在野の考古学者〟として世に知られ、考古学の資料や研究を素材とした多くの一般向けの著書は、多くの人びとを考古学の魅力のとりこにした。戦後、現在にいたる一般市民への考古学の普及につくした役割は、絶大であるといっても過言ではない。そして、本書もその代表的な著書の一つであることはいうまでもない。

一九一一年、信州の上諏訪町（現長野県諏訪市）に生まれた著者は、旧制の中学生時代から考古学に異能なほどの才能を示したが、商家の長男であったこともあって、大学への進学は許されなかった。家業を手伝うかたわら、藤森は鬱積《うっせき》する青春の気を、信州の山々や遺跡歩きに費した。

その頃のさまざまな体験が、『古道』全編を通じて流れる、はっとするほど正確な地形の観察や、はじめて気づかされるような美しい自然の描写。そしてそれらが人の営みと結びついた美事な景観の復元や、歴史の背景を語る、一つの「歴史叙述」にまでつながっていく。文字で記された古文書を読み、本で知識として覚えた地理学や環境の説明では、とうていなし得ないであろう立体感のある歴史がその叙述の中にある。

やがて藤森は中央の学問の世界へのあこがれを捨てきれず、京都・大阪、さらに東京へと〝学界放浪〟が続く。日本歴史の研究や教育の上で、考古学がまだ正当に扱われてなかった、敗戦前の社会状況の中で、学界の門は狭くかつ固く、藤森はなん度か挫折を繰り返しながら、しかし在野の考古学愛好者たちの好意に助けられて、アカデミズムの考古学とは異なった学風を、次第に自分の中に固めていった。それは「土器や石器の背後に人間をみる」という、その当時の〝ものいじり〟の実証主義一辺倒の学界では育ち得ない、人間の生活やその歴史を究めるための考古学であった。

たとえば、考古学者としての著者の、学史に残る最大の業績の一つに「縄文農耕論」という学説がある。貧しい狩猟・採集民とみられていた縄文人が、弥生人以前にすでに原始的な農耕をもっていたという、近年「縄文時代観が変わった」と喧伝される、まさに最大の関心を寄せられる学説の一つを、著者はもう五十年近くも前に世に問うている。

『古道』の第七章「林と村」は、八ヶ岳山麓の美しい白樺林の描写と、そこに棲むけものたちの道の発見から話が始まって、白樺林を愛した詩人の生活にも触れながら、やがて少し海抜標高の降った高原一帯をおおう、クリやクルミやミズナラや、湿地に茂るハンノキの林が、豊かな自然に恵まれた縄文人の絶好の生活立地だったことを気づかせる。

そして、その雑木林地帯に栄えた縄文時代の大きなムラに視野をつなげていき、ムラのまわりの林が野火で焼けた跡、その地に萌え出ずる新しい生命が、人びとにものを生産するという知恵をもたらし、それまでになかった文化の創造をうながしたのだとして、個別考古資料の解釈だけでは果たせない、自然と人間の生態関係をもとりこんだ一つの文化論として、縄文農耕論が展開されたのである。

ひとを掘り出す史観

生涯を〝在野の考古学者〟で終始した著者藤森栄一は、人との出会いをものすごく大事にする学者でもあった。とりわけ、名誉欲ももたず、地位や金銭にこだわらず、考古学や地に生きる自分の仕事に、ただひたすらに没頭するような、いわば〝野にある人〟をこよなく愛した。『古道』の各章にもそうした著者との出会いの人びとが多く登場する。

野尻湖畔で旅館を営み、湖底から最初にナウマン象の歯の化石を発見した加藤松之助さんや、たくさんの旧石器を学界が認知する以前から集めていた池田寅之助さん（第一章「灰の中のオアシス」）。

野辺山高原の旧石器時代の大遺跡群の中心を横切って、秩父連山から八ヶ岳中腹に続く、シカ道の存在を著者に教えた由井茂也さん（第二章「黒耀石槍の狩人」）。

千葉県加茂遺跡で、日本最古の縄文時代の丸木舟を、農作業の合間に泥田の中から掘りあげた、角田本治・慶一さん親子の、感激と悲哀の年月のこと（第五章「人喰い沼」）。

弥生土器の始源をめぐる戦前の学界での論争の中で、福岡県立屋敷遺跡の発見によって遠賀川式土器の存在が知られ、その学界論争に一つの学史的決着をつけた仕掛け人は、当時八幡製鉄所の職工だった名和羊一郎さんだった（第九章「塩水から淡水へ」）、等々。考古学上の発見や学史の記述の中に登場するこれらの人びとは、その発見や研究の意義と面白さを、親しみやすく、身近な話題として興味をひかせる役割をはたしている。

このように、他の著書をふくめて、藤森の文章に登場する多くの出会いの人のほとんどは、学問の世界の中心で活躍したり、学界的栄誉を手にした人ではなかった。しかしだれもが、考古学が好きでたまらない人生を、自分の生まれた土地で、一所懸命に生き抜いてきた人たちであった。著者はそういう人びととの出会いを大事にし、その人びとに深い愛情を抱いた。そのことがまた、それらの人びとを通じて、その土地だけでしか知ることのできない、ある考古事象や歴史事実の背景をさぐる手がかりになって、人間のさまざまな生活様式の実態を復元し、歴史の根源に迫る、著者一流の歴史観を育てていったものと考える。

肌で感じる身近な歴史

若い日、著者が山深い八ヶ岳山麓の山歩きの途中、ふと出会って何日かの原始的な共同生活を過した、キコリの集団の人びと（第六章「雑木林への道」）。そして正月になるとアルプスの山道を越えて、著者の故郷信州まで、越中ブリを運んできた人びとや、さらに野麦峠を通って、年に一度、飛騨と信州を往復した製糸女工の集団等々が歩いた古道（第十九章「久遠の旅行者」）のうちに、そして、野に生き、野に朽ちた数えきれない人びとの営みの中に、何万年と続いた人間の歴史があった。

藤森栄一がたどった古道には、私たちが肌で感じる人間の歴史の流れがあり、その先の道の先には、これからどんな私たちの生き方が、また人類の未来があるべきかを、思わず考えさせる余韻が、この本の読後感としてある。

なお、著者にはこの『古道』と並んで、『かもしかみち』『峠と路』という、姉妹作ともいえる二著がある。ともに多くの読者を得ている名著である。このことからもわかるように、藤森栄一の考古学と生涯は、常に道を求めることに主題があったといってもよい。

最後に『古道』の初刊本に著者が書いた序の言葉の一部を抄録して、この解説の結びとする。

「古道――はげしい郷愁をさそうことばである。けれど、けものを追い、石器や土器をはこんだ日本のむかしの道は、歩行がとだえると、たちまち、草やヤブにおおわれてしまった。そして、その後の古道もいまではもう、文献や、古い地図にしか残っていない。

それでも古道は死んだのではない。瞬間的に消えてしまう道は、次々と新しい生命のなかに受けつがれていて、必要なときは、何百キロでも、えんえんとよみがえってくるのである。

人間の道は長かった。いろんなことがあった――私にも、そして、あなたにも。

私の古道にそれが通じて流れているとすれば、それこそ、この本の書かれた切なる願いなのである。」

（一九九九年五月、藤森栄一著『講談社学術文庫　古道』、「解説」）

Ⅳ　歴史遺産の危機と考古学の存立基盤

歴史の真実に迫る学問観

阿久遺跡保存運動をてがかりに

一八七七年（明治十年）エドワード・S・モースの、東京大森貝塚の発掘を契機として、近代的科学としての装をこらして出発した日本考古学の学史は、昨年（一九七七年）、ちょうど満百年の時を刻んだ。そしてその一世紀をこえた学史の中で、いまほど、研究者の意識の問題としても、また考古学が主な研究の対象とする時代についての観方の問題としても、大きな転換を迫られている時期はないといえる。

その理由を説明するごく身近な問題の一例として、阿久《あきゅう》遺跡保存問題がある。この遺跡については、調査団関係者や研究者が提供した資料や情報、そして新聞をはじめ多くのマスコミが流した報道等々の量は、一つの学問上のテーマとしては、長野県内ではおそらく空前絶後のことと思われる。その結果、学界の権威といわれる学者もふくめて、すべての考古学研究者はもとより、県内外のあらゆる階層にわたる、きわめて広範な人びとが、一致して認識した事実は、阿久遺跡が日本文化のルーツをさぐる数々の謎を秘め、学問上も、また日本歴史上でも、他をもってかえがたい貴重な文化遺産であるということである。

しかしいま、問題はこのかけがえのない遺跡を高速道路によって分断・破壊するか、トンネル化工事などによって全面保存をするかという選択をかけて、きびしい対立が続いているのである。

じつは阿久遺跡の問題は、現在突然にふってわいた問題ではなく、そのよってくる根は深い。それは戦後の、とくに一九六〇年代以降の高度経済成長政策による文化財の大量破壊と、その現実に対して、学問的良心をもって、十分に対応しきれなかった研究者の意識の間に生じた矛盾として顕現した問題なのである。いや、そればかりでなく、明治時代以来一世紀の間、学問の世界の周辺に起こったさまざまな現実の問題、たとえばアジア諸国への侵略戦争にさえ眼をつぶり、神話に代わる科学的原始・古代史探究の役目を自ら放棄するといった、無節操で無思想的であった日本考古学の体質と、深くかかわる問題でもあると考えられる。

それゆえ、阿久遺跡の保存運動に、かつてない盛り上がりの中で、積極的に主体的にとり組んでいる長野県の考古学研究者のたたかいは、地域としての信州ばかりでなく、日本の考古学と考古学研究者の学問観の転換をかけた、重大な一つの試練であると位置づけられなければならないだろう。

その意味でも信州の偉大な考古学者藤森栄一が残した多くの学問の「灯」の中で、まず、その学問観を再発見することが、われわれにとって必要なことである。

通念に縛られた学問観の変革

一九三七年（昭和十二年）といえば、日本が中国への武力侵略を公然と開始した、日中戦争が起こった年である。やがてふみこむ全面的な第二次世界大戦の前哨戦の時期として、国民の生活も思想の自由もまったく奪われた、日本現代史の中の最暗黒の時代であった。

この年、雑誌『信濃』に藤森栄一の「脚のない古代史」（『かもしかみち』学生社刊所収）というエッセイが連載された。

「現在わが祖国にたいして、学究がそそいでいる努力のうち、もっともばかげた努力はなにかと問われたなら、その的外れの焦燥のはなはだしきものの一つとして、第一に「古代研究」をあげるのに私は躊躇しない」という書き出しで始まるこのエッセイで、藤森は当時国民が教えられていた古代史、すなわち神話的古代史は〈幽霊の古代史〉だときめつける。そしてそうした古代史研究の担い手である研究者（考古学者）のもっとも一般的な動向を次のように論じている。

「まず多くの人々は絶壁の飽食性の残忍さをおそれ、おたがいの夢を破壊しない程度に、その壁の前ではてることなきリングワンダルング――ぐるぐるまわりをつづける」という。暗黒の時代への配慮があってか、文章全体が抽象的であるが、要するに権力による弾圧をおそれて、純学術的な研究に沈潜して、歴史の真実に迫ろうとしない研究者群が大部分であるといいたいのである。

この藤森の指摘は、日本考古学の歩みと研究者の体質を鋭く衝いた、本質的な問題提起であった。なぜなら、明治時代以来の日本考古学史をたどってみると、科学的考古学研究の第一歩となるべき、大森貝塚の発掘とE・S・モースの業績は、それがあまりにも科学的であったがために、その後の日本考古学の伝統の中に正当に継承されず、坪井正五郎を始祖とする日本人の手になる近代考古学・人類学は、明治年間を通じて、日本石器時代人はアイヌであるかコロボックルであるかという命題をかかげた「人種・民族論争」一色に塗りつぶされる。

その論争の目的はただ一つ、日本民族の祖先は神代の神々とその子孫以外のなにものでもなく、考古学が研究の対象とする石器時代人などは、「大和民族」とは縁もゆかりもない異民族、あるいは先住民族にすぎないのだという認識を、結果的に国民一般に植えつけるためのものであった。同時に考古学は日本の古代史に立ち入ってはならないという、強固たるタブーの合理化のためでもあった。藤森栄一がいう「絶壁の飽食性の残忍さ」とは、まさにこの権力による学問への干渉をさしていることは明らかである。

考古学がその本来の目的、すなわち科学的な原始・古代史の追究の道をとざされるという屈折の時期をすぎて、大正時代に入ると、一方の旗頭であった坪井正五郎の死ということもあって、さしもの人種・民族論争は終息する。それにかわって日本考古学が身につけた体質は、「おたがいの夢を破壊しない程度に、壁の前でぐるぐるまわり」する、実証主義的研究への埋没であった。実証主義とは「所与の事実だけから出発し、それらの間の恒常的な関係法則性を明らかにする厳密な記述を目的とし、一切の超越的、形而上学的思弁を排する立場」(『広辞苑』による)のことである。

考古学の研究に則して例をとれば、縄文土器の文様をこまかく分類して型式をつくり、その時間的関係を、重箱の隅をつつくように厳密に論じ、その土器がなにに使われ、それによってどんな縄文人の生活が行われたのだろうかといったような、生きた人間の歴史を明らかにするという観点に立った研究や思考は、厳格な学者のすることではない、それは素人の俗説にすぎないといって排するといった類の考え方である。

大正から戦前の時代にかけて、そのような方法・立場による土器編年学的研究が学界、とくにアカデミズムの主流を占め、あたかも考古学の目的が土器の細分・編年にあるかのような風潮をさえ生み出したのである。それのみか、その風潮は戦後に生まれかわったはずの日本考古学にもひきつがれ、最近ではその延長上に、新しい装をこらした新実証主義ともいえる研究の動向が、とくに若い世代の研究者にひろがりつつある傾向がみられる。その若い世代の研究者の多くが、一九六〇年代以後の大量遺跡破壊の時代に育ち、歴史的思弁に欠けたある外来の理論に依拠した方法によって研究を進めている点に、日本考古学の将来について見過ごすことのできない一つの危惧があることをここで指摘しておきたい。

いまから四十年前、あの暗黒の時代に、藤森栄一がいいたかったことは、考古学が歴史の真実に迫る学問でなければならないという一点だった。歴史の真実に迫るということは、「絶壁の飽食性の残忍さ」をおそれず、研究者の良心を示すことなのである。

「日本民族の歴史の一頁はいまや重大な危機に立っているというほかない。じつに科学を中心にわれわれの生活は発展し、われわれの後継者もまたそれを基礎としてのびつつあるいま、古代史にかぎりそれにしても笑止な非合理的な方法で、若い子供らの頭を導こうとしたら、懸命に騙してそれで通っているうちはいい。だがいまにその禁断も弾圧も嵐のような爆笑で吹き飛ばされてしまう時がくるに相違ない」と、まさに敗戦の後、日本国民が実感として味わうことになった状況を、あの時代に叫んだ言葉を、藤森栄一の考古学の基底にある学問観の発露ととらえることは許されよう。そしていま、四十年前にあった藤森栄一の気魄を、さらにそこですでに指摘されていた学問観の転換を、われわれも求められているのである。

その理念と方法の新鮮さ

藤森栄一は自らの学問観の根底を、歴史の真実に迫る考古学の確立においた。日本の考古学界が、なぜ原始・古代の生活や文化の本質の研究に深く立ち入らないのか、なぜそこに人間が登場しない土器いじりや、あれこれの遺物の羅列・鑑賞にうつつをぬかしているのかという、怒りとも焦りともつかぬ不満と批判の中から、自分の考古学の進む道を模索した。

そうした藤森の学問観の基盤には、諏訪中学時代の教師であった三沢勝衛の科学精神が、脈々とした伝統として生きていた（藤森『信州教育の墓標』学生社刊等参照）。一つの地域に生起する気象条件やさまざまな自然現象、地理的特性や自然環境などを、その土地の人間の生活、あるいは生活の歴史とのかかわりで、総合的にとらえようという学問体系が、三沢の「風土地理学」といわれるものの真髄である。

藤森はそのような三沢の「風土地理学」の考え方を、考古学の研究の中に実践的に生かす方向で、日本考古学史に永久に記念されるであろう二つの業績を残した。その一つは諏訪盆地を単位とした古墳群の地域的研究（『古墳の地域的研究』永井出版企画刊所収）であり、もう一つは縄文農耕論（『縄文農耕』学生社刊等所収）である。

『古墳の地域的研究』の中核をなす論文である「信濃諏訪地方古墳の地域的研究」は、一九三九年（昭和十四年）の雑誌『考古学』十四巻一号に発表された。先に紹介した「脚のない古代史」というエッセイを書いて、自らの学問観を明らかにした後、一九三七年から調査と準備をはじめ、翌年結婚したみち子夫人を助手に使いながら、二十七歳の若い情熱のすべてを注ぎこんで完成した論文である。

藤森の学問観からすれば当然のことながら、「いわゆる存在の事実を対象とする古墳の形象的な研究は……それ自体ではなかなかに上代文化そのものの上代人の生活は組み立ててくれないのだ。われわれ、いわゆる古墳を発掘したり調べたりすることを今、古墳研究といっているが、墓を知るためにだけ古墳が対象とされている今は、日本上代文化研究も、容易に古墳文化研究という珍妙な範囲から抜け出ることはできない」と、従来の古墳時代研究のあり方に鋭い批判を加え、「古墳研究における墳墓立地と集落立地の総合的理解による上代文化の編成」という視点を、自ら研究上の立脚点＝理念とすることを、まず明らかにしたのである。

明治時代以来、日本考古学は皇国史観の固い枠組の中で、「帝室博物館」や「帝国大学」を中心としたアカデミズムが、皇国の顕彰のために古墳の研究をすることを許されたとしても、権力の表徴としての古墳と、一般庶民の生活の場である集落を関連づけて、そこに上代文化と上代人の生活の実相を把握しようという藤森の理念を真に生かすような研究はありえなかった。藤森の目ざすような研究が神話以外に国家形成の歴史などありうべからざるとする時の政治権力にとってはいかに危険なものか、また逆に藤森にとってはいかに勇気の必要なことだったか、さらに当時の日本考古学総体の問題意識からくらべれば、どれほど新鮮で正当なものだったか、その学史的な意義ははかり知れぬほど大きなものだったはずである。

しかし学界は、在野の研究者を組織して精力的な活動をつづけていた東京考古学会の一部の研究者を別とすれば、この藤森のすぐれた古墳研究の理念も問題提起も無視した。かくして、地域を単位として、そこに残された古墳と集落を、その地域の古代史の歴史構成の素材として生かすことを目的とした、真に歴史学としての考古学がとるべき研究の方法は、敗戦後まで、いやごく最近になっても、日本考古学の古墳研究の分野では、まだ十分に定着しきっていないという、研究の停滞を生み出しているのである。

藤森栄一が生前最後の論文集として出版を企画し、実際には死後になって出版されることになった『古墳の地域的研究』に、「論文へのつきせぬ思い」としてあとがきを書き残し、さらに高松塚古墳の大発見に触発されて、病床で資料をあさって、検討し、壁画をもつ飛鳥地方の末期古墳群が、「大和国の祭政を司る氏族ないし部族的色彩をもったものだと私は思う」という仮説を「高松塚とその周辺」と題する序文としてつけ、その最後に「古墳の地域的研究の旧稿を集め上梓するにあたり、旧稿必ずしも死文でないことの証に、最近の古墳群についての見解を序とした」と書き記している。

このことはひとり藤森の古墳研究についての自信を示すというだけではなく、国宝級の壁画が発見されて、その系統や美術品的評価だけが研究の中で優先し、高松塚とそれをとりまく古墳群、さらに古墳群の成立を支えた飛鳥地方の古代文化や古代人の生活の基盤が、なんとなく忘れ去られようとしていることに対する警告ではなかったろうか。

だとすれば四十年前に世に出た『信濃諏訪地方古墳の地域的研究』で示された藤森の学問観、方法論は、わが日本考古学界では、いまなおお新鮮な輝きを失っていないというべきである。

考古学の新しい方向をひらいた縄文農耕論

日本人が幾万幾千年の年月を重ねて、生み出してきた日本歴史は、たとえば古代における大和、現代における東京の、ひとにぎりの権力に近い人びとがつくったものではない。歴史は人間の生活と密着したそれぞれの地域の中で、そこに住む人びととの創意と工夫と、そしてある時は血を流すような闘いを通じて創り出されてきたのである。それゆえ、歴史学は地域に根ざした人びとの生活の歴史を、研究の第一義としてとらえる必要があったのである。

考古学の場合も事情はまったく同じである。「縄文時代には海岸地方では貝塚がたくさん作られ、漁撈を主とする生活が営まれていた。また内陸地方ではシカやイノシシを追う狩猟生活によって生活を支えていた」などという、いままでだれもがそう信じていた縄文時代観は、いったいだれがどんな研究をして導き出したものだったのだろうか。

戦前から研究者がいちばん多く集っていた東京の、その周辺の関東地方にはたくさんの貝塚が存在する。その貝塚を多くの研究者が発掘した。目的は縄文時代人の生活を調べるためでなく、どんな型式の土器がどんな層位的順序で埋まっているかを調査するのに、細かな堆積状態を示す貝塚はもっとも好都合だったからである。貝塚を中心とした土器の編年研究のせいぜい副産物として、先のような縄文時代観が一般にも植えつけられたにちがいないのである。

そうした縄文時代観に反対を唱える考古学者も、古くからわずかではあるがいるにはいた。昭和初年の一九二七年、神奈川県勝坂遺跡を発掘して、そこから出土した多量の扁平粗雑な打《だ》製石斧《せいせきふ》を、木などを切ったり割ったりする斧ではなく、土を掘るための鍬だと考えて、縄文時代中期という時代に原始的な農耕があったのではないかという仮説を発表した大山柏《かしわ》などもその一人であった。

こうして、縄文時代に農耕が行われていたかどうかという問題は、かなり古くから日本考古学がかかえる課題の一つでもあったのである。しかしその問題が、日本考古学界の最大の論争点として発展するのには、戦後間もなく発表した藤森栄一の論文が、直接の発火点となった。

若き日に、森本六爾《ろくじ》（在野の学会、東京考古学会の組織者・指導者）を師として、弥生時代文化、とくにその農耕社会の実態を明らかにするための研究に参加した藤森は、当時、日本考古学の主流を形成していた、編年学派などの実証主義的な研究者とはちがって、文化内容やその構造に強い関心を注ぐ学風を身につけていた。

敗戦とともに、戦争でえた病の身を故郷の諏訪においた藤森は、その地に絢爛と発達している縄文中期文化の様相に、あらためて強い興味を抱いた。広大な八ヶ岳山麓の火山灰台地に、縄文中期の大集落がそれこそ星座をちりばめたように密集しているのはなぜだろうか。これらの遺跡に、典型的な狩猟具とみられる石鏃《せきぞく》がとぼしく、逆に土掘具といわれる打製石斧がきわめて多いのはどうしてだろう。勝坂式土器と汎称される縄文中期の土器の形やその組合せ（様式構造）が、明らかに農耕文化の所産である弥生土器のそれと同じではなかろうか、等々のいくつかの不思議さを列挙して、縄文時代中期には原始的な焼畑陸耕が行われていたという仮説を発表したのが、一九四八年（昭和二十三年）のことである（「日本焼畑陸耕の諸問題」『歴史評論』所収等）。

その後、藤森は八ヶ岳西南麓の井戸尻《いどじり》遺跡群という絶好のフィールドを得、武藤雄六《ゆうろく》をはじめとする多くの地域研究者を育てながら、精力的に調査と研究を進め、最近では縄文中期農耕説は仮説の段階から着実に立証の段階に進んでいったかにみえた。

しかし日本考古学の中にいぜんとして根強く残る、実証主義的発想による縄文農耕否定論は、藤森等の仮説をまったく認めようとしなかった。農耕説の決定的証拠ともいうべき栽培植物の遺存体が提示されないかぎり、「（藤森等の）追求は不十分であり、本気でやっているとは思えない」という冷たい声さえ浴びせられたのである。

死を間近にひかえた一九七〇年、藤森はそれまでの縄文中期農耕説をまとめた論文集『縄文農耕』（学生社刊）の中で、次のように学界の批判に応えている。「今後、発掘によって栽培植物の遺体自身が出土するにしても、これはとうぜん植物学の仕事であり、われわれは、考古学を通じ、中部高地の中期縄文文化の構造を究明すべきで、その文化構造こそ、単なる植物嗜《し》食《しょく》の強い採集狩猟民の文化とは、どうしても考えにくいという点にある」と。

これは藤森栄一の生涯をつらぬく学問観がいわしめた、現代日本考古学への鋭い批判である。すなわち確実な栽培植物が発見されなければ、縄文農耕は認められないという人びとにとって、それならば近代考古学として成立してから百年、日本考古学は縄文時代の文化や社会の本質がなんであるかという、考古学の生命にかかわる歴史学的問題に、いままでどれだけ重大な関心をいだき、どんな具体的な研究をしてきたのだろうかという、正面きった藤森の問いかけであるからである。

いま日本の考古学は大きく変わりつつある。そしていままで学界ではあまりとり上げられなかった諸問題、たとえば集落の研究にしても、縄文時代の生業、生産にかかわる研究にしても、また自然環境についても、さまざまな遺物の用途問題等々についても、その多くは、藤森栄一がなげかけた縄文農耕論あるいはそれをとりまく問題提起と、その学問的精神を一つの軸として、確実に従来の日本考古学のもっていた方法論的限界を脱皮しつつあるといえるのである。それればかりか、八ヶ岳西南麓を中心として、その地域の縄文文化の全体像をとらえようとした研究は、考古学における「地域研究」の実践として、着実に考古学の基本的方法であることが認められつつある。

「藤森考古学」の永遠性

「学問は永遠である」という言葉がある。しかしどんな研究も、学問と名がつけば永遠であるとはいえない。歴史の中で淘汰されるべき古き学問、新しいものを創造する糧にならない学問は捨て去るべきである。

これも四十年前の一九三八年（昭和十三年）、藤森栄一は「資料の学問より人間の学問へ、古代日本人の生活とともに、われわれの限りなき魂の延長の探究へ……。まず新しい学問の体系を建てるためには、第一に古い学問の死骸をとりのぞくことだ。……まだ晩くはない。皆を呼んでくれ。私たちの国土、私たちの民族の将来を見通すことのできる学問の創造のために……」（「掘るだけなら掘らんでいい話」『考古学・考古学者』学生社刊所収）と叫んだ。

いまわれわれのまわりには、遺跡がこわされる、だから遺跡を掘るということが、常識のように日常的現実となっている。こわすために掘る遺跡の発掘、そのことに日常的に追われる研究が、どうして民族の歴史と民族の将来を見通すことのできる考古学といえるであろうか。いまわれわれに求められている学問観の転換は、「掘るだけなら掘らんでよい」発掘によって、日本考古学と研究者が退廃と堕落の危機にさらされていることを自覚することから始めなければならない。

一九七三年の厳冬、藤森栄一は死んだ。自分が信州の大地に蒔いた一粒の籾《もみ》、縄文中期農耕説の最後の結実をみないまま……。しかしその翌年夏、諏訪市荒神山《こうじんやま》遺跡での発見をはじめとして、全国各地の縄文遺跡から、まごうことなき縄文農耕の動かし難き証拠である、栽培された植物の遺存体や種子の炭化物が、自然科学者によって続々と検出されるようになった。

藤森栄一の学問は永遠であったのだ。その透徹した学問観にうらうちされた藤森栄一の学問は、実に、永遠であるべきことを、事実をもっていまやわれわれに教えているのである。

（一九七八年五月『季刊・地域と創造』第五号、原題「藤森考古学の現代的意義」）

縄文時代観の転換を迫る阿久の発見

あいつぐ緊急発掘

学界の定説を破るとか、研究者の常識をこえた新発見などの言葉が、考古学関係の報道に登場することがしばしばある。

一九六〇年代から激しくなった大規模開発行為にともなう大がかりな発掘調査の進行とともに、考古学界には果たして定説や常識などというものがあったのだろうか、と疑いたくなるような新発見、大発見がぞくぞくと行われている昨今の状況である。

長野県下でも例外ではない。とくにもうかれこれ十年近くも調査が続けられている中央高速道路関係の発掘では、全国の考古学研究者の耳目をそばだてるような遺跡や遺物が、毎年のように発見されていてその応接にいとまもないほどである。

全国的にかつてないほどの規模で行われているこうした新発見は、考古学上の成果といえば聞こえも悪くないが、それだけの成果を生み出す主体が、研究者の学問上の問題意識にもとづく学問自体の要求からではなく、遺跡の消滅をもたらす緊急発掘・事前調査という開発側の要請で、あたかも偶然の発見としてなされているという点に、なんともやるせない想いをいだかざるをえない。

このことは、今年（一九七七年）大森貝塚発掘百周年を迎えた日本考古学史の中にあって、いますべての考古学研究者が深刻に反省すべきことでもあり、政治や文化行政全般のあり方が強く責められるべき問題である。と同時に、日本国民全体の「文化」に対する認識の質の問題として、これからの永い歴史の中で、またいま現在でも世界の諸民族から、嘲罵《ちょうば》されてしかるべき現実であることを、十分に自覚する必要があろうことをまずはじめに指摘しておきたい。

再評価される縄文農耕論

ところで、中央道予定線の諏訪区間の発掘では、ここ二、三年の間に、私たちだれもがばく然とイメージしている「縄文時代観」を、根底から考えなおさねばならないような重大な発見があいついでいる。

試みに中学校あたりで使われている教科書の一ページをひらいてみよう。そこには縄文時代について「その時代は食料採集経済の社会であって、人びとは野山で動物を狩り、木の実や草の根を集め、海や河に近いところでは魚や貝をとって生活の糧にした。関東の海岸地方にはたくさんの貝塚が残され、縄文時代の研究をする大切な資料を提供している」といった内容のことが記されている。したがって大学の入試でも、縄文時代は狩漁撈の時代、弥生時代は稲作の農業の時代と書けば満点といった具合である。そして腰に毛皮の衣服をまとい、手に石でつくった粗末な道具を握って、鋭い目つきで獲物をねらう、動物的な原始人の姿を縄文人として想像するのが、ごく常識的な私たちの縄文時代観であった。

はたしてそうなのだろうか。一九七四年夏、諏訪市荒神山《こうじんやま》遺跡の中央道遺跡調査団の手で、アワの疑いのある炭化種子が最初に発見された。ついで翌年には同じ中央道関係の原村大石遺跡でより豊富な炭化種子が出土し、植物学者の精密な分析によって、栽培植物であるアワにまちがいないという決定がついに下されたのである。

荒神山・大石の両遺跡とも、その年代は縄文時代中期、いまから四〇〇〇—五〇〇〇年前のもので、教科書が教える日本の農耕の起源の年代、すなわち弥生時代をさかのぼること二〇〇〇—三〇〇〇年という古さである。

縄文時代に農耕が存在したという意見は、すでに古くから故藤森栄一氏とわずかな人びとが積極的に主張してきた。藤森氏は栽培穀物としてヒエ・アワはおろかムギの存在まで予想してきた。しかし藤森氏とごく一部を除く縄文農耕論者の大部分は、イモなどの根菜《こんさい》類の栽培は予測しても、より高度な栽培食物としてのヒエ・アワのような穀類栽培を考えた人は皆無といってよい。私もその一人であった。改めて類まれた感性と歴史観にいろどられた藤森氏の学問の深さに、頭のさがる想いである。

右にふれたように、アワはけっして野生植物ではあり得ない栽培植物であり、その栽培は農耕の技術的な発達過程ではかなり高度な穀類栽培の段階のものである（照葉樹林文化論）。それのみか、その原種は日本に自生するものではなく渡来植物であるといわれている。

これらのことを考えると、その渡来の時期や過程、経路などさまざまなことに関連して、当時の東アジア全体の歴史の動静が当然問題になるし、アワなどの雑穀を食物生産に用いた縄文時代人の生活や社会のようすなどについても、これからの研究はいままでとは別の視点で進められていかねばならなくなるであろう。

事実、そうした視点からする研究は、富士見町の井戸尻《いどじり》考古館を拠点とした武藤雄六氏を中心とするグループによって、いま着実に進行しつつあり、その成果はいままでの日本考古学の研究を一新する可能性をもつものとして注目される。

そうした縄文時代研究の推移の中で、いま原村の阿久遺跡がクローズアップされているのである。

（補注　植物学者による荒神山・大石遺跡出土資料の同定結果はその後訂正され、アワでなくシソ科のエゴマであると鑑定された。しかしエゴマが栽培植物の一種であり、それが縄文遺跡から発見された意義は大きく、その後、列島各地の縄文遺跡で、自然科学者によって多種の栽培植物が検出された。）

けたはずれの大規模遺構群の発見

すでに発掘二年目を終了しようとしている阿久遺跡では、まず最初の調査で台地上の中央道予定敷地（幅約五〇メートル、長さ約二〇〇メートル）の全面をおおいつくすかと思われるような、ぼう大な量の礫《れき》が集められた縄文時代前期の集石遺構《しゅうせきいこう》群が露呈した。そして二年目の調査ではその集石遺構群が、径一〇〇メートルを超す環状をなして台地中央部全面に展開することが確められ、「環状集石群」と名づけられた。

そしてさらに最近にいたって、その環状集石群の下部やその周辺をとりまいて、縄文時代前期を主とした大住居址群があることがわかってきた。こうしてようやくこの重要な大集落遺跡の全容が把握されるようになってきたわけである。

高速道路の敷地からケタはずれの遺跡群があらわれた
（長野県埋蔵文化財センター提供）

最近、この注目すべき遺跡を訪れる専門家がめっきり多くなったが、異口同音にもらす第一印象は「思いもよらぬケタはずれの遺跡だ」という言葉である。私自身も再三この遺跡に立ち寄っているが、そうした印象はいつ行ってもかわらない。それだけでなく、調査団の真摯な努力によって緻密に調べられ、明らかにされていく事実を現場で説明を受けるたびに、この遺跡のもつ内容の重大さ、考古学研究の上にもつであろう意味の深さについて、認識を新たにしていくのであった。

いまの考古学界の常識では、その性格を説明したり、解釈することのできない事実や発見が、この阿久遺跡にはきわめて多い。

だいたいが直径一〇〇メートル以上をかぞえる大きな環状集石群そのものが、少なくとも縄文時代前期（約五〇〇〇―六〇〇〇年前）という時代では未曽有の存在である。あえて比較の対象とすべきものとしては、縄文時代後期（約三五〇〇年前）に属する秋田県大湯の環状列石（国特別史跡）があるが、細部の点では問題が多い。それよりもいまは、何万個、いや十万個以上かとも推測される大小の石を、阿久遺跡に運び上げた縄文時代人の心性に思いをはせ、そのバイタリティに驚嘆するほかない。

今年はじめて確認された遺構の一つに、「方形配列土壙群《ほうけいはいれつどこう》」というのがある。径一メートル前後、深さ二メートルに近い深い土壙（穴）を正方形に十数個並べたもので、いままでまったく存在が知られない未知の遺構である。

そういった個別の事実をとり上げたら、阿久遺跡の新発見＝謎は枚挙にいとまがないほど多い。それらは今後の調査と研究によって一つひとつ解決されていくものと期待される。しかしそのためには、ブルドーザーに追われ、契約の時間切れという重荷を負わされた調査研究体制では、ほとんど困難に近い期待であることはいうまでもない。

東西文化が交流した遺跡

つい先日、また阿久遺跡を見学する機会があった。その時強い関心をもった考古学上の問題の一つについて多少ふれてみたい。

それは今年度の発掘で明らかになりつつあった、縄文時代前期の住居址群のあり方についてである。この時期に属する住居址群は、土器型式の区分にしたがって、さらに関山《せきやま》期、黒浜《くろはま》期、諸磯《もろいそ》期などに細分されているが、阿久の現在までの発掘では方形配列土壙数基をふくめて、関山期の住居址群がいちばん数が多くまとまって発見されている。

それらの住居・方形配列土壙群は環状集石群よりもやや西側にずれて、これも径一〇〇メートルほどの環状ないしは馬蹄形《ばていけい》の集落形態をなすのではないかと、調査団主任の笹沢浩氏は推測している。いままでこの時期に属するこれほど大規模な環状ないしは馬蹄形集落は、長野県下はおろか全国的にみても例がないといってよい。しかも、関山期につづく黒浜期、諸磯期の集落も未調査部分が多いが、それに匹敵する大規模なものになる可能性が強い。

つぎに、それら阿久遺跡の住居址群に残されている土器もきわめて興味深い。すなわち住居址の中には例外なく二種類の土器が発見される。一つは縄文や竹管文《ちくかんもん》で表面を飾った平底の鉢やかめで、型式学的には関東系の関山式土器に近いものである。

他の一つは文様・装飾がきわめてとぼしく、表面のすべすべした薄焼きの深鉢で、東海や近畿地方に系統をひく中越式《なかごし》（上伊那郡宮田村中越遺跡から多量に出土）といわれる型式の土器である。注意すべきことは、この一群の土器はほとんどが丸底か尖底《とがりぞこ》であるという点である。

以上の二つの土器群の特徴は、考古学的にいえば東日本系の土器と西日本系の土器の共存が確認されたという、型式学上の興味ある事実を示しており、もっと一般的ないい方をすれば、他に例をみないほどみごとに、東西文化交流の現象がこの阿久遺跡にあらわれているということにもなる。尖底と平底という土器の形態と機能について、まだ学界で未解決のテーマに関しても、東西の文化の差を示すという点で重要な示唆を与えてくれる。

「縄文王国」形成の中核地帯

しかし問題はもちろん、ただたんに土器についての興味にとどまるものではない。先にもふれたように、八ヶ岳山麓を中心とした中部高地地方の縄文文化は、いままで中期縄文文化のもっとも発達した地域として特色づけられてきた。従来からその繁栄の背景は原始農耕の存在によって裏づけされると予測されていたが、いまや荒神山・大石遺跡での栽培植物の種子の発見によってその予測も、かなり確実視されるようになった。

そうした中期縄文文化の最中心地の中にこつ然と発見された縄文前期の大集落、しかも環状集石群というケタはずれの遺構をもつ阿久遺跡の存在は、いったいなにを意味するのか。

阿久遺跡の東隣りに接して縄文中期後半期の居沢尾根《いざわおね》遺跡が、そのまたすぐ東隣りには縄文中期前半期の大石遺跡がある。いずれも阿久に劣らない大集落遺跡である。この三つの集落遺跡を合わせると、縄文前期後半期から中期後半期まで、およそ二〇〇〇年におよぶ縄文時代の一つの最盛期の歴史の流れが相接する台地上に埋もれていたことになる。しかも中央道の路線として予定されるまでは、縄文時代以来の山林におおわれて千古の眠りの中にあったのである。

縄文人への愛着と遺跡の保存

今後、だれがこんなすばらしい、また条件のよい遺跡群に出合えることを期待できようか。すでに大半が消滅した大石遺跡、その半分以上が道路敷の下に踏みつぶされた居沢尾根遺跡の後、いま残されている阿久遺跡は万全の保存対策が望まれる。それはまさに、いま転換を迫られている私たちの縄文時代観を、事実をもって証明するに足る貴重な最後の砦であるからだ。ちょうど私が遺跡を訪れた日、彫刻家の清水多嘉示《たかし》氏が見学にみえられていた。永遠の美と心を追うこの芸術家が、阿久遺跡でなにを見、なにを感じたのか私は直接知らない。しかしふと思ったことは、高速道路がもしできれば、瞬時にこの遺跡を踏みつけて通り過ぎる現代のメカニズムよりは、厖大な石の廃墟を残した縄文人に対して、この芸術家は限りない愛着を覚えたのではなかろうかということであった。

私も、歴史は永遠に日本民族の心の糧でなければならないと願うし、歴史遺産の完全な相続・継承は、人類永遠の不文律の道徳であるべきだと、固く信ずる一人である。

（一九七七年十月十日『信濃毎日新聞』、原題「転換迫られる縄文時代観」）

阿久遺跡の全面保存に向けて

五〇〇〇年前に植物栽培

東京からはJR中央本線沿いに西進し、一方、名古屋方面からは天竜川沿いに北上して開通区間を延ばしつつある中央高速道は、いま長野県の諏訪盆地や八ヶ岳山麓で工事を急いでいる。その八ヶ岳山麓は〝縄文のふるさと〟といわれるほどに縄文文化が花ひらいた地域の一つ。尖石《とがりいし》（国特別史跡）や井戸尻《いどじり》（国史跡）など、著名な縄文中期の大遺跡が、広大な山麓の台地上に分布している。

考古学の上で、この地域が重要視される理由の一つは、たんに遺跡やすぐれた遺物が多いというだけではない。縄文時代中期（四〇〇〇～五〇〇〇年前）にすでに農耕が存在していたという、考古学界の常識を破るような仮説が、以前からこの地域の資料をもとにして提出されていたからである。事実、付近の二、三の遺跡からアワ状炭化物（後にエゴマと同定）が発見されて注目されている。このことは、縄文時代が狩猟・漁撈や採集経済の社会であったという、教科書的な縄文時代観を変えさせるほどの意味をもっている。

大規模な石の遺構

こうした問題を秘めた〝縄文のふるさと〟で、ケタはずれの内容と規模をもつ遺跡だといわれるのが、長野県諏訪郡原村で発掘中の阿久遺跡である。

〝ケタはずれ〟の第一は、遺跡の上層部をおおっている、おびただしい石である。直径一〇〇メートルから一五〇メートルほどのドーナツ状の範囲に、石が河原のように積み並べられている。小さいのはこぶし大、大きいのは人の頭くらい。この台地の上へ、どこから運んできたのか。

なかには、浅い穴を掘って数百個の石を集めた、墓のような遺構も多数みられる。ドーナツ状の集石群の中心には、高さ一メートルを超える平らな安山岩《あんざんがん》、角柱状の花崗岩《かこうがん》（この石は少なくとも十数キロはなれたところから運ばれた）を十数個立てならべた立石《りっせき》群もある。

原始・古代の石造構築物のきわめて少ない日本では、この大規模な遺構は見る人に異様な印象すら与え、〝縄文都市の廃虚〟と表現した人もあるとか。それはともかく、いまから五〇〇〇年ほど昔の縄文時代前期につくられたこの環状集石群と立石遺構は、縄文人の共同の祭祀の場であったろうと想像されている。だとすれば、ここにあった縄文社会は、単純に〝原始的〟とはいい切れない構造をもっていたのかもしれない。

縄文前期の環状集落

〝ケタはずれ〟の第二は、環状集石群の下層にあって、時代的に数百年古い縄文前期、関山期と呼ばれる時期の大集落である。この時期の竪穴住居跡は現在までに三十軒ほど発見されていて、全部発掘すればおそらく倍以上の数になるとみられている。それらの住居跡群は、環状あるいは馬蹄《ばてい》形の集落を形づくっているものと推定されている。環状や馬蹄形の集落は、縄文中期以後にはごく一般的だが、縄文前期中葉という古い時代であることに大きな意義がある。

住居跡の中には例外なく、五十センチほどの平石と数個の丸い小礫がおかれている。製粉用の石皿《いしざら》か石臼《いしうす》を思わせる遺物である。縄文人の食生活を考える上で、示唆的な道具である。

住居跡から出てくる二種類の土器も興味の的。一つは縄文をほどこしている関東系の関山式土器。もう一つは、無文、固焼き、薄手、尖底で、東海や近畿地方の系統をひく中越式土器。東日本系と西日本系の土器が共存しているということは、このあたりが東西文化の交流地だったのだろうか。そうしたことをさぐるカギも秘められていそうである。

めずらしい配列の遺構

方形配列土壙群と仮称されている遺構も、めずらしくて不思議な発見である。直径一メートル、深さ二メートルほどの穴が二十個ほど、一辺五〜六メートルの方形に配列されているもので、穴の真ん中に、径二〜三十センチの柱が立っていた痕跡のあるものがある。縄文前期の遺跡では初発見である。研究者から、トーテムポール説、倉庫説、祭祀関係建築物説など、さまざまな見解が出されたが、決定打なし。いまのところ、きわめて特殊な、かなり大きな建造物の跡であろうという推測に落ちついている。（補注　その後の調査と研究で、太い柱を建てた建造物の跡である可能性が強くなり、「方形柱穴列」という呼び方が一般的となった。）

おもしろいのは、この方形柱穴列《ほうけいちゅうけつれつ》が、関山期の集落の中で、数軒分の竪穴住居址に一カ所ずつ、セットをなすような形で分布していることである。いいかえれば、一つの特殊な建造物をとりかこんで数戸の家があることになり、集落を構成する共同体の中の一単位、たとえば家族のようなまとまりを示しているのかもしれないという意見もあり、縄文社会の構成を考える上で、またとない貴重な発見といえる。

見事な集落の継続性

阿久遺跡に残された集落跡は、縄文時代前期の後半にあたるおよそ数百年間継続して、同じような形態（環状あるいは馬蹄形）と、同じような規模をもって形成されていたものと推測される。同一台地上の同じ遺跡に、縄文前期の集落がこれほど見事な形態と内容をそなえて、継続的に残っているのは全国に例がなく、縄文集落の歴史を解明するためのかけがえのない遺跡である。

そればかりか、阿久遺跡の東に並列する二つの台地上には、大石遺跡という縄文中期前半の大集落遺跡と、居沢尾根遺跡という中期後半の大集落遺跡があり、西隣りの台地上にもやはり大遺跡の存在が予測されている。つまり、縄文時代の前期から中期末まで約一〇〇〇年間の歴史が、この阿久遺跡を中心とした地域に展開していたのである。

保存運動を強力に

ところで、発掘前まではまったくの原野だった阿久遺跡が、その姿をみせてきたのは、不幸にも中央高速道建設の事前調査によってだった。発掘調査二年目に入った今年（一九七七年）春頃から、遺跡の全容がわかってくるにつれて、この遺跡を中央高速道の工事から守ろうという声がしだいに大きくなってきた。

十月三十日、長野県考古学会は現地の原村公民館で臨時総会をひらき、全会一致で阿久遺跡の全面保存要求を決議した。

大会には、交通不便な会場に三〇〇人以上が集まった。参加者の半数以上は原村の住民。弁当持参で一日中熱心に聞き入る人もあって、その姿に「頭が下がる思いです」と語る研究者もいた。保存要望決議案が議題になった時、ある学会の長老会員が、決議に水をさすような形式論をのべたところ、「ことは手続き問題や形式論ではなく、今日の勉強で知ったこの大切な阿久遺跡を、どうやってみんなで守るかということを討論してほしい」と、すかさずやり返したのは、地元の住民であった。

一地域住民として大会に参加した地元出身の衆議院議員も「学会は、遺跡の大切さがだれにも理解できるように努力してほしい。そして村の人びとの意思を結集して、保存運動を強力に進めていくべきだ」と発言した。

この大会での決議をふまえて、長野県考古学会は保存対策委員会（委員長宮坂光昭）を発足させ、文化庁、県教育委員会、原村当局と日本道路公団などに保存を要請した。阿久遺跡調査団の研究者たちも今月五日、原村村民数百人の参加をえて、ふたたび阿久遺跡の説明会を行った。

また、この日ひらかれた原村村議会の全員協議会は、遺跡の重要性を十分に認識し、保存の方向で具体的な検討にはいると、全員一致で確認した。

地域住民・研究者の強い要望をうけて十六日、文化庁は保存対策を検討するため、現地へ文化財調査官を派遣した。今後の動きが注目される。

直接の当事者である長野県当局が、中央高速道関係で二〇〇カ所といわれる県内の遺跡を、一つとして守れなかった経過を十分に考慮して、この阿久遺跡を保存する決意をするかどうか、当面の焦点になっている。

（一九七七年十月二十五日『赤旗』、原題「阿久遺跡の調査と保存」）

「阿久遺跡を守る県民集会」の成功

参会者六〇〇人超す大集会

二月十一日(一九七八年)、長野県諏訪地方は、思いもよらぬ春のような暖かさに恵まれた。「阿久遺跡を守る県民集会」への参加を市民に呼びかける、若い長野県考古学会会員の声が、朝早くから静かな町の空にひびいていた。

会場の諏訪市民センターでは、地元の研究者や市民が準備した垂幕や看板がとりつけられ、会場づくりが進められていた。受付に並べられた「阿久通信第一号」パンフも目をひく。スピーカーは長野県民歌ともいうべき「信濃の国」のメロディーを流している。

正午近く、上り下りの列車が上諏訪駅につくと、会場まで三〇〇メートルの道は人の列が続き、定数六〇〇人の会場は、通路に人が立つほどになった。お年寄りから中学生、主婦や学生、研究者など、多種多彩な顔ぶれである。広い県内のすみずみ、東京、関西方面からの参加者も半数近くを占めた。この種の会合としては、まれにみる最大規模の集会が成功したのである。

重要性改めて学習

集会は中央道遺跡調査団主任笹沢浩氏の、スライドをたくさん使った阿久遺跡調査の報告で始まった。大きなスクリーンいっぱいにうつし出される、広大な環状集石群、考古学上未知の発見といわれる方形配列土壙群（特殊建造物の柱穴群）、そして縄文人の生活をまざまざと想像させる六〇〇〇年前の住居跡や、土器・石器などの生活遺品等に、参加者は改めて阿久遺跡のすごさに眼をみはった。

その後、慶応大学教授江坂輝弥氏が、全国の縄文時代の石を使った遺跡（配石遺構）や海外の例などを紹介し、その中での阿久遺跡のもつ特異性・重要性を説明した。

次に講演に立った奈良国立文化財研究所長坪井清足氏は、阿久遺跡のある八ヶ岳山麓の縄文時代遺跡群が、日本の原始時代の歴史を知る上できわめて貴重な宝であると説き、阿久をふくめたこの地域の遺跡群が「縄文の故郷」として広く研究され、それを保存していく必要があることを強調した。

行政の姿勢に抗議

講演が終わったのは三時すぎであった。集会のふん囲気はますます高まった。

そこで長野県考古学会阿久遺跡保存対策委員会委員長の宮坂光昭氏が、保存問題の現状と今後の運動の方針を報告した。その中で指摘された重要なことは、長野県教育委員会が昨年末以来、中央道本道部分は道路公団の計画通り調査後に破壊し、他の部分を保存するという、いわば部分保存の方針を固め、開発側（公団）のお先棒をかついで、地元原村当局を説得していたという事実である。しかもそのための会合は村民にも、保存運動を進めている研究者などにも、一切極秘で行われた。

そして驚くべきことに、遺跡が全面保存されると農道が使えなくなる、住民は立入禁止になる、保存管理のために村は多大の経費負担をしいられる等々、村民なら抱く当然の不安を解消する努力をまったくおこたったばかりでなく、逆にそうした村民の不安を材料にして、全面保存を望む運動の〝自重〟をうながし、運動の分断を策す態度さえ示したのである。

文化財保護を第一義とすべき行政当事者として、県教委の姿勢が、いかに本末転倒したものかはだれの目にも明らかである。報告の中で県考古学会が県教委に対して正式に抗議文を提出することを決定したと知らされると、大きな拍手がわきおこった。

会場をいっぱいにした県民集会

対策委員長は、これまでの保存運動の成果も報告した。寒風の中、いく日も手弁当で街頭署名活動に加わった仲間たちのこと、それに温かい支援を送った多くの県民の話、こうして集められた署名は四万人を超し、資金カンパも三十万円に達するなど、阿久遺跡保存への関心は広く深く、かつ着実に、いま全国的に浸透しつつあることが確認され、参会者を感動させた。

全面保存訴え宣言

集会の終わりに近く、日本考古学協会、文化財保存全国協議会をはじめ、全国・地域の文化・研究団体からの支援アピール、さらに作家新田次郎氏、彫刻家清水多嘉示氏、加藤静一信大学長、杉原荘介明大教授や、いくつかの民主団体、地元代議士などのメッセージ・祝電が披露された。

そして最後に、阿久遺跡保存運動に協力してきた全県下二十七の団体代表と地元原村住民有志からなる起草委員会がねった、「県民集会宣言」が発表された。それは、この大切な歴史遺産を後世に伝えていくことが現代人の義務であることを認識し、全面保存の実現に向けて一人ひとりが決意を固めたことをうたった、格調高い宣言である。

その終わりは「全国民のみなさんが私たちの決意を理解されるよう、また関係諸機関の方々が、歴史と文化を愛する多くの日本国民の心をくみとって、阿久遺跡の全面保存と、早急な国の史跡指定を実現するよう心から訴えます」と結んでいる。

この集会での長野県民の決意と感激は、ちょうど同じ日、東京などで開かれた「建国記念の日」奉祝行事などをテコに、反動的歴史教育の復活をたくらむ人びとに対する、良心的な国民の正義の意思表示でもあったはずだと信ずる。

（一九七八年二月二十八日『赤旗』、原題「保存運動と行政の責任」）

黙視できない保存運動への攻勢

国民と研究者の努力の結晶

長野県の阿久遺跡を、国の史跡に指定することが、十月末（一九七八年）に決まった。中央高速道の建設による破壊から遺跡を救うため、多くの長野県民と考古学研究者が保存運動に立ち上がり、四万人に達する保存要求署名を集めたり、阿久遺跡を守る県民集会を成功させるなど、そのめざましい運動は、まだ記憶に新しいところである。

長野県諏訪郡原村にある阿久遺跡は、縄文時代前期（約六〇〇〇年前）の、けたはずれに大規模な環状集石遺構と集落跡で、縄文時代のナゾを解くカギが秘められている遺跡として、全国の注目をあつめた。

こうした歴史遺産が破壊をまぬがれ、保存・活用される道を切りひらいたのは、ほんとうに歴史を愛する多くの国民と、保存運動の中心になった地元住民、研究者たちの努力の結晶として、高く評価されるべきことである。

土盛り方式で一応の了解点

しかし、阿久遺跡の保存に、まったく問題がないわけではない。

保存側が要求した高速道のトンネル化や迂回案について、関係機関は、地質・水利・地元の利害などがからんで実現困難だと説明した。そして当初の掘り削り案に代わって、土盛りをした上に道路を通す土盛り案＝埋没保存案が、最後的な案として文化庁などから提示された。

長野県考古学会は、長時間の討議ののち、いくつかの条件をつけて、土盛り案を了解することにした。ベストではないがベターであると判断したからである。

その条件とは、①土盛り方式は阿久の特殊事情による、やむを得ない方法で、前例にしない、②道路敷部分も完全に発掘調査し、終了後は万全の保存対策を講じる、③遺跡とその周囲を史跡に指定し、環境・景観の保全・復元に最大限の配慮をする、というものであった。

これらの条件は、文化庁、長野県教育委員会も確認している。

こうして阿久遺跡の保存は一応の了解点に達し、当面の問題としては決着をみたのである。

開発側が不当な攻撃を展開

ところがその直後、『旬刊高速道路』という新聞が、六月二十五日付から三回連載で「高速道路の建設と埋蔵文化財の保護」という記事を掲載した。この新聞は全国高速自動車国道建設協議会が発行しているもの。開発側（道路公団）がこの記事でいおうとしているのは、つぎのようなことである。

埋蔵文化財があるために〈開発行為が行き詰り〉迷惑である。〈遺跡即文化財〉という考えを改めて〈取捨選択〉し、発掘・調査の方法を合理化して〈価値評価の確立を〉急ぐとともに、研究者の〈調査思想の再検討〉を要望する（〈　〉内は同紙の見出し、以下同じ）。

緊急調査に追われる研究者の苦しみを無視した論調に、怒りを感じない研究者はいないであろう。

阿久遺跡の問題として黙視できないのは、規模が大きく、考古学界未知の複雑な遺構をもつ阿久遺跡の性格を確定的に把握するのがおくれたことをとらえて、〈試掘でも意見確立欠く〉と、それが研究者の怠慢と無能の結果であるかのように非難していることである。

また〝最善ではない〟と保存側が自ら評価せざるを得なかった盛り土方式了解を逆手にとるように、「道路ができあがっても遺跡は破壊されずにその下に眠っていることが可能なものに

遺跡（→印）をはさんで両側から迫る高速道の工事

ついては、……調査を省略していく方向が望ましい」と書いているのは、発掘調査すら否定しようという魂胆がみえすいている。

歴史の反動化と同根の動き

同記事は、ちょうど同じころ話題になった日高遺跡（群馬県高崎市、関越高速道の敷地）について、〈早かった価値認識の統一〉〈盛り土式から高架へ変更〉と、保存と開発の調和という点で優等生のように書いている。

日高にくらべて阿久は……といいたいのであろうが、こうした比較は、現地の状況を知っていればできないはずである。あえて比較するなら、阿久には調査着手前はまったく太古からの原始林であったという複雑な実情があり、日高は計画段階からそこが遺跡であることがわかっていて、発掘の結果その重要性が再認識され、急拠、盛土保存から高架による一部保存に変わったというのにすぎないのである。

条件のまったくちがう問題を並べて、阿久遺跡の関係者を劣等生扱いするやり方は、研究者の分断を図り、文化財保存運動を攻撃するものであることは明らかである。

阿久遺跡の保存問題は、やはり将来に一つの課題を残した。このことは、埋蔵文化財の保存が、いまきわめて重要な局面を迎えていることを示している。それはまた、有事立法、元号法制化など最近勢を増しつつある歴史反動化の試みと同根の動きとも考えられる。この動きを黙視することは、日本考古学をふたたび戦前の状態——皇国史観にしばられて学問の目的と精神を失った状態——に追い込むことにもつながるのではないだろうか。

阿久遺跡保存に示した長野県民と研究者の努力を、真実の歴史を大切にする熱意につなげていかなければならない。

（一九七八年十一月十九日『赤旗』、原題「黙視できない開発側の攻勢」）

深刻化増す文化財の危機

日本考古学は危機の時

昭和天皇が亡くなって、一九八九年は一月九日から「平成」と年号が変わったが、この一年間はけっして「平静」といえる年ではなかった。

政治の世界のことでいえば、竹下・宇野・海部氏と総理大臣が三人も交替したし、この間、夏の参議院議員選挙では、いわゆる与野党逆転という大事件もあった。国外でも、中国・東欧、そしてソ連などで、政治体制変革の嵐がふきまくり、日米関係を主軸とするいわゆる経済摩擦は、深刻な「経済戦争」の様相を帯びつつある。

こうして大きくゆれ動く世界情勢の中で、日本考古学界も波瀾の多い年であった。それには昨年からひきつづく〝吉野ヶ里・藤ノ木フィーバー〟などのセンセーショナルな話題も一方にはあるが、むしろその影にかくれて進行した、開発か保存かをめぐる深刻な文化財問題が全国的に顕現化した。

開発の嵐の中の文化財

文化財問題はなにもここ一、二年の間に発生したことではない。たまたま一九八九年五月、文化財保存全国協議会の結成二十周年記念大会が、明治大学を会場として行われたことからも知られるように、開発と文化財保護の緊張関係は、一九六〇年代以降ずっと続いている。

それは政府・財界の強力な指導ではじまった経済の高度成長政策、それにつづく「列島改造計画」などというかけ声の下で、国家と巨大資本が、道路や工場用地などを大規模に開発し、農村でも米の減反政策をとる一方で、圃場整備事業を進めるなど、日本中いたるところでブルトーザーが走りまわり、山が崩され、自然の生態系が破壊されるという状況が現出した。

このため、当然のことのように、自然や文化財は重大な危機に直面し、とくに一九七〇年代には生活環境の破壊が進んで、各地で発生した公害問題が、大きな社会問題となった。

考古ブームの陰で

文化財問題については、「弱い法律」とはいえ、「文化財保護法」が存在していたこと、それ以上に先の文全協の結成二十年にもみられるように、国民的規模での文化財保護運動や世論の高まりを背景に、行政的にも事前協議・事前調査（緊急発掘）の実施、その調査費の原因者負担「制度」の定着、国公立機関（埋蔵文化財センターなど）の整備、そして文化財行政担当者の増員など、ある程度の対応策が講ぜられた。しかしもちろん十分といえる状態からはほど遠い現状であったし、その施策そのものに矛盾もある。

こうして日本全国総まくりともいえる大発掘時代がおとずれ、なかには空前の〝考古ブーム〟をひきおこすような、二、三の大発見が国民の注目を集めながら、一方では年間三万近い遺跡が国民はおろか研究者にも知られず、歴史遺産としての評価もされぬまま消滅していく状況が、いまなお止まるところを知らずに続いている。

貧困な日本の文化財行政

昨年（一九九三年）一月二十四日付の『読売新聞』の「論点」に、私は「ふるさとの心失う自然と文化財の破壊」という一文を投じた。リクルート事件その他で評判をおとした竹下首相（その後まもなく辞職した）が、人気回復の目玉の一つとして、全国市町村へ一律一億円、総額三〇〇〇億円という巨額の国費をばらまいた、いわゆる「ふるさと創生基金」が、ほんとうに

「ふるさと創生」につながるかどうかに疑問を表明したものである。気がつく疑問点を二、三あげる。

文化財保護行政の元締である文化庁が、一九九〇年度の予算としてもっている、史跡等の買い上げの費用（公有地化等の補助金）は、七一億四〇〇〇万円であった。自衛隊が毎年購入するジェット戦闘機や戦車の値段とくらべても、いかにわずかな金額かがわかろう。そのため、現に史跡に指定されている遺跡の土地公有化もままならず、ますます狂乱化する開発による遺跡破壊を前に、新規の史跡指定はいよいよ困難な状態にある。

竹下氏をはじめ政府・自民党の政治家が、真に「ふるさと創生」を考えるのなら、ばらまき基金のたとえ一割でも、危機にひんしている自然や文化財の破壊を防ぐための費用として、文化庁予算の増額を決断すべきである。ちなみに「ふるさと創生」政策の余徳（?）で、文化庁は「ふるさと歴史公園」構想の資金として、わずか四億円の新規予算を得た。あまりにも淋しい話である。

ふるさと創生か喪失か

思いもかけぬ一億円を手にした各市町村が、いったいなにをやったかについての、全国的な結果はまだ知られていない。しかし、金の延棒を買って住民に見せたとか、自然林を伐り払って近代的な花の公園をつくるとか、リゾート開発の準備金に積み立てるとか、頭をかしげたくなるような計画が一部報道されたほか、大多数の市町村がその使途にとまどっているというのが、昨年末に近い時点での実情であるらしい。日本にはそんなに余分な金があるのかと、改めて驚く。

もちろん一部には財政難で進渉しなかった博物館建設をはじめたとか、懸案の遺跡保存（公有地化）の資金に投入したなどといった、文化財問題の中で評価すべき内容のものもある。しかし多くは、ふるさととは何かといった哲学の欠落した、自然や文化財の破壊につながりかねない、開発志向の計画がめじろ押しであることをおそれる。

そもそも「ふるさと創生」を創案した竹下氏の腹の内は、新しい日本列島改造計画といわれる「第四次全国総合開発計画」の促進にあったのだから、「ふるさと喪失」は必然の結果としておこりうる。

強まる開発優先の圧力

先の一文に続いて、私は「信州の文化財行政を問う」（『信濃毎日新聞』四月三、四日）を書き、五月の日本考古学協会総会では、「開発優先の発掘に反対し、日本考古学の自主性を堅持する声明（案）」の決議を提案した。

同じころ、『朝日新聞』（五月三日より）では十回にわたって「古代ロマン発掘の周辺」を、また『赤旗』（五月五日より）も「古代史ブーム、もう一つの考古学」という、それぞれ特集記事を連載し、発掘の現場で、行政機関の内部で、また大学の教育や学界の状況の中で、開発優先の文化財問題の深刻化と学問の危機が、急速に進行している現状を、リアルにかつ鋭く指摘した。

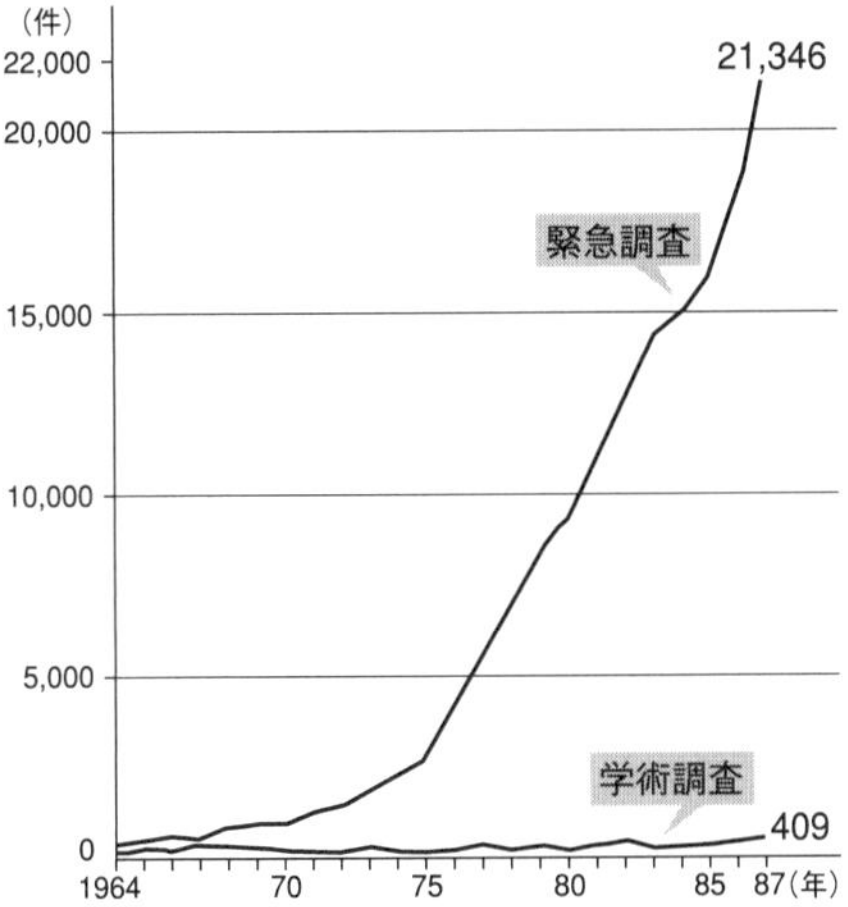

うなぎ上りの開発優先の発掘と停滞する学術調査

そのほか、ブームに湧いた吉野ヶ里遺跡の事例をはじめ、保存や報道のあり方などをめぐって、また文化財保護のあり方や考古学研究者の主体性などに関する発言も、一九八九年度ほどめだった年は、最近ではめずらしい。こうした動向は、全体としては、開発優先の圧迫が増す中で、学問としての考古学の基盤がゆらぎはじめていることに対する、切実な危機感のあらわれであったと考える。

遺跡を村おこしの核に

一九八九年九月、岩宿遺跡発掘四十周年を記念する、地元群馬県笠懸《かさかけ》村主催のシンポジウムが行われた。基調テーマは「私たちの暮らしと岩宿遺跡」というもので、岩宿遺跡の保存と活用（博物館建設や史跡整備）を通じて、新しい村づくりを決意する村民集会（参加者六〇〇名）の趣きがあった。

陸平《おかだいら》貝塚をもつ茨城県美浦《みほ》村も、大型リゾート開発を進めるにあたって、陸平貝塚の完全保存とその活用（動く博物館構想など）によって、自然と歴史を守り、住民により快適な生活（農業振興などをふくむ）を促進する村おこしの一つの核として、開発そのものを変質させる努力が続けられている。村政を指導する村長は「保存と開発は並列同義」と唱って、陸平貝塚保存を優先するという方針を示した。

最近、これも村の活性化のために、大規模リゾート開発の構想をもった長野県和田村が、村内にかかえる著名な黒耀石原産地遺跡男女倉の保存と活用、そしてすでに整備を進めている中山道関係の遺跡をふくめて、「全村歴史公園化構想」をうち出し、将来に向けて望ましい開発＝新しい村おこしに積極的にのり出す意向を表明した。

同じように隣町の長門《ながと》町では、黒耀石原産地遺跡群とその産出地の重要性に注目して、「黒耀石のふるさと構想」を打ち出し、大学等の研究機関と協力して、大規模な基礎調査に着手している。

こうした動きは、たまたま私自身が関係した右の事例だけではなく、全国各地に芽生えている。これを文化財保護、あるいは考古学と開発の〝調和〟などといった、従来からもときどきいわれたような、二者対置的で安易な言葉でとらえてはいけないと思う。

そのことは考古学も社会の中に、また地域に根ざした学問としてあるのだという認識のもとに、考古学研究者自身が、村おこしに、また地域の開発・活性化と人びとの幸せのために何ができるのだろうかという自覚をもち、主体的にとり組みながら、考古学そのものを変革していく行動の実践として、この新しい動向を位置づけなければならない。

（一九九四年七月『歴史手帖』二二―七、原題「文化財保存と村おこし」）

不発に終わった学会決議

声明文（案）の全文

開発優先の発掘調査に反対し日本考古学の自主的発展を堅持するための声明（案）

日本考古学協会の会則第二条には、考古学研究者の全国的組織として、考古学の発展をはかり、文化財保護などの社会的責任の遂行を、学会存立の大きな目的として規定し、全会員が自主・民主・平等・互恵・公開という、研究者が拠って立つべき基本的な五原則に基づいて、その目的の達成に努力することを明文化している。

しかし、日本考古学をとりまく社会的諸情況は、近時ますますきびしさを増している。一九六〇年代にはじまった高度経済成長のもとでの大規模開発は止むところを知らず、それに加えて最近では、「リゾート法」に伴う大型開発が各地で発動、ないし計画され、また本年度に入って、「第四次全国総合開発」政策に関連して実施された「ふるさと創生基金」といわれる、全国市町村に一律一億円の補助金の給付は、その運用いかんでは、文化財と自然の破壊をさらに促進させるのではないかとの危惧さえもたれている。

こうしたなかで、文化財の保護や、調査・研究に対しては、開発優先の立場に近い「通達」等で調査・研究の省力化をうながすなどのしめつけが加わり、一方では企業まるがかえの「発掘会社」の設置を許すような事態さえ生み出している。埋蔵文化財に対するそのような政治・社会的動向は、発掘現場、発掘調査を担当する行政機関や組織、成果の公開や報告書の内容等々、さらに研究・教育の機関である大学や研究所の内部にいたるまで、さまざまな問題を生み出し、いまその矛盾の拡大は危機的な状況にまでいたっていると認識せざるをえない。

日本各地でおこっている枚挙にいとまないほど多くの事態の中には、考古学研究者にとって、自らの存立基盤をおびやかすおそれがあるような事例も少なくない。そしてそれらは、日本考古学協会がうたう研究者のはたすべき役割や、もつべき資質に背反し、とくに考古学研究の自由と自主性を損なうものといわなければならず、このことが定着すれば、日本考古学協会がかかげる考古学研究者の社会的責任の遂行に、大きな障害となることは明らかであり、国民共有の財産である文化財を通じて、市民とともに正しい歴史を学ぶ道を失なうことにもなりかねない。

ここにわれわれは日本考古学協会の存立意義を再確認し、文化財の保護および調査・研究に対する開発優先の動向を克服するとともに、学問の自由と考古学研究者の自主性を堅持するために、全会員が一致して努力することを決意する。

右、声明する。

《付帯決議》（案）

日本考古学協会委員会は、右の「声明」の趣旨をふまえ、日本考古学をとりまく諸事態について、その実情を調査し、基本的な諸問題の幅広い検討を進めるために、特別委員会などの必要な機関を協会内に設置するなどの措置を早急に構ずること。

一九八九年五月二七日

日本考古学協会第五十五回総会

提案理由の説明

「開発優先の発掘調査に反対し、日本考古学の自主的発展を堅持するための声明（案）」の提案理由の説明をさせていただきます。

この「声明案」の目的と、提案にいたるまでの経過は次の通りであります。

考古学研究の発展と埋蔵文化財の保護については、日本考古学協会の会員である皆さんが、それぞれの立場で真剣に考え、努力を重ねられているところであります。しかしそうした努力にもかかわらず、多くの局面で会員一人一人が憂慮すべき困難な問題をかかえ、そのことでたいへん苦心されていることも、現実の深刻な事実だと思います。

実際にいま、どこで、どんな問題がおこっているかをここでとりあげるまでもなく、また枚挙にいとまないほど多くの問題が各地でおこっていて、私たち協会員の間でも、また考古学協会の公の場でいくつかは話題になったことがあります。さらにこの五月のはじめには、たまたま朝日新聞など二・三の全国紙が、文化財と考古学をめぐる問題を、連載記事として特集したりしましたので、大部分の会員はそれらを読んで、事態の深刻さを理解されておられることと存じます。

要するに私たちの学界の周辺、すなわち社会一般では、文化財の保護と考古学のあり方に関連して、さまざまな問題や矛盾が鋭く指摘されているということであります。

こうした状況の中で私は、いまこそ考古学研究者一人一人が自覚して、個別の事例や個々の地域のことだけではなく、いま全国的、全学界的におこっている事態について共通の認識をもち、積極的な発言をし、日本考古学の将来に向けて確かな展望をきりひらくような努力を、みんなが力を合せて実行しなければいけない時期だということを痛感しました。

そのことについて考古学研究者全体の力を結集できるのは、協会の設立趣旨からいっても、また研究者の最大の全国組織であるという社会的立場と責任からみても、日本考古学協会においてほかにないと考え、今日この提案をすることにしたのであります。

※

提案の内容（文案）については、協会委員会に議題の提出をするのと前後して、私が日頃、直接ご指導を受けている五十名ほどの方に第一案をお送りして、修正をふくめたご意見を求めました。ほとんどの方々から、賛意とともに貴重なご意見やご指導をいただくことができました。共同提案者のお申し出も多くの方から得ることができました。

ついで五月中旬、修正した第二案を、こんどは全国各地の二〇〇名ほどの会員の皆様（個人の力では全会員にという余裕がなかったので、お知り合いの方々の間での被見もお願いしました）にお送りし、提案の趣旨をご理解いただき、かつ重ねてご指導、ご助言をお願いいたしました。これについてもかなり多くの方々から積極的な賛意と、貴重な助言をいただいております。なかには激励の言葉を下さった方も少くありません。感謝しております。

また協会委員会からも、字句の訂正や修正などをふくめて、懇切なご指導を賜わりました。

※

そうした多くのご意見やご指導をふまえて、再度、原案を検討し、この声明文の表題を「開発優先の文化財行政に反対し、……」から、「開発優先の発掘調査に反対し、……」に改めるなど、何点かの修正を加え、提案者も当面、私個人の名でおこなうことにいたしました。

いただいたご意見の中に、もっと具体的な内容の提案をした方がよいのではないかという助言がかなり多くありました。それには少なくとも二通りの意味があったと理解しました。

その一つは「声明案」の中に書いている「矛盾」とか「危機的状況」といったことが、具体的になんであるかをとりあげ、それをどう正すべきかという提案の方がよいのではないかという意見でした。

しかしこれについては、古い会員の皆様にはご記憶の方も多いと思いますが、過去に総会や委員会などで、例えば「研究者倫理規定の制定」とか、「発掘会社」まがいの調査機関の規制問題、またいわゆる「行政内研究者」の地位の向上と役割、同時に、大学・研究機関における考古学研究と教育の問題等々いくつかの課題が話題となりましたが、私の知る限り十分な効果をあげたとはいえないのではないでしょうか。

一方、個々の遺跡の保存問題や、文化財保護法改正問題、国立考古学博物館設立などに関連して、協会が決議文や要望書を出し、個別の問題ではそれぞれ重要な役割を果してきたことについては、高く評価しなければならない点もあります。

しかしいまや日本考古学や文化財をとりまく諸問題を少しでも前進させ、問題の具体的な解決をはかるためには、多くの問題が個別に発生しているのではなく、それらが全体的に構造的な矛盾となってあらわれており、かつ進行しつつあるのだというとらえ方が必要なのではないかと考えられます。

それにはまず、協会員一人一人が考古学研究者として、個々に直面する事態とともに、全体的な憂慮すべき現状について、広く公開された情報と認識をもち、困難な事態を「互恵」の精神で克服した連帯感をもつべきだと思いました。「声明案」の本文は抽象的だというご指摘もありましたが、右の述べたような目的に近づくために、考古学協会が、そして会員一人一人が、研究者ならだれでもが持つべき共通認識を確認することによって、まず、自由で活発な議論がおこるような環境を、みんなで作り出すことができるように願って、本文を書いたつもりであります。今回の提案の最大の目的はその点にあります。

※

提案に具体性をもたせるべきだというもう一つの意見は、考古学協会としてなにをどうするのかという点を示せということでした。そこで「付帯決議案」をつけ加えたわけです。

そこに書いてあります特別委員会は、あるいは現在活動しております「埋文委」や、現在はどんなことになっているか承知していませんが、前にはあった「組織問題特別委員会（?・）」などでもよいのではないかといった意見もあると思います。後者はともかくとして、「埋文委」との関係でいいますと、提案の特別委員会は、個別の遺跡保存・保護、あるいは埋文行政のチェックといった点だけに限らず、日本考古学全体をとりまくもっと包括的といいますか、構造的といいますか、要するに基本的な問題を検討する中で、具体的な諸懸案について解決の方針を策定するといった役割を果す特別委員会、仮に名をつけるとすれば「基本問題調査特別委員会」と呼ばれるような機関を、私としては想定しています。

しかしその具体的な活動内容や組織化、協会内の各委員会との関係、位置づけなどについては、協会運営の任に当る委員会のお考えもあろうかと思いますので、特別委員会を必要とするかどうかなどをふくめて、その具体的な手法は協会委員会および各種付置委員会などで、ぜひ前向きに、かつ早急にご検討されることを要望して、ここでは「付帯決議案」の取り扱いは、総会議長にご一任してもよいと考えています。

以上、言葉足らずの説明でありましたが、皆様の忌憚のないご意見をうけたまわりたいと思います。

なお、討議時間があまりありませんようですので、「声明文案」については、二・三の修正点をつけ加えることにして、朗読は省略いたします。

(補注　以上の声明案、提案理由は、『日本考古学協会会報』第一〇五〔一九八九年七月〕掲載のものを、原文のまま転載した。)

声明案を支持して下さった方への報告

謹啓　皆様にはいよいよご清栄のことと拝察いたします。

さて去る五月の日本考古学協会総会の時、不肖、私が提案いたしました「声明文(案)」につきましては、種々ご指導を賜り、また多くの励ましのお言葉もいただいて、篤く御礼を申しあげます。

当日の様子については早速ご報告をいたすべきところでしたが、あわただしく時日が経過して今日にいたりました。ようやく夏休みを迎えることができましたので、遅ればせながらご報告申しあげます。

総会における審議の結果は、すでにご存知の方も多いと思いますが、端的にいって「決議」は不発、結局議長提案で「継続案議」ということで終わりました。

折角皆様からご指導やご期待をいただきながら、提案者となった私の不徳、提案方法の不備、説明の稚拙さなどが重なって、このような結果になったことを反省し、おわびいたします。

審議時間は極めて短く制限され、それぞれが意見の言っ放しで討論もできませんでしたが、総会の席上で協会員に向けて広く問題を提起できたことと、せめても継続審議としてひきつがれることになったことが、幸いだったと思わざるを得ません。

総会が終わった後、協会は来年の総会に向けて、みんなで考えるべき重大な課題をかかえこむことになり、その意義は大きいと声をかけてくれた会員も少なくありませんでした。

総会場での会員の発言の要旨を、参考までに同封いたします。これは私が壇上で書きとめた不完全なメモをもとに、当日会場にいた何人かの友人のメモや記憶を加えてまとめたもので、決して正確な公式記録ではありませんので、そのようにお読みとり願います。

その意見のいくつかを見ても、私の提案の不備だった点もさることながら、いま考古学がかかえている問題の根はかなり深いものがあると改めて思い知らされます。

協会が私たち会員をこれからどのように導いてくれるのか、またますますきびしさを増すであろう文化財問題や、考古学・考古学研究者の自立について、いかなる対応をして下さるのかを見守りながら、私自身も今後の方向を見定めていこうと考えています。

ご報告が遅れたおわびとともに、ご叱正、今後のご指導をお願いする次第です。

（補注　一九八九年七月二〇日付の戸沢書簡）

提案をめぐる総会での発言（メモ）

I県H会員　戸沢君の提案には基本的に賛成だ。しかし決議をしてはたしてこれが行われるか疑問である。地方自治体の多くに発掘会社に相当するような「埋文センター」がある。そこでは発掘がないと食えないことになるので、掘らないでよいところをわざわざ掘るという馬鹿なこともしている。私の住んでいるところで五世紀代の窯の跡があり、埋文センターでそれを発掘したのはいいんだが、掘った跡は当然埋め戻して保存するのかと思ったら、企業が買いとってそのまま移築し、観光施設みたいなところに使っている。埋文センターでは金の出るのは自分のところで掘るが、そうでないところは地方の研究者にやらせる。かつて発掘反対を呼んだような諸君が失業して発掘会社のようなものを作り、それを自治体自身が持っているような例もある。

協会の会報には「藤ノ木」のような華やかなニュースなら載るが地味な話はあまりのらない。戸沢君の提案の件も初めて聞いた。事前に協会の会報にでも載せてもらえば趣旨もよく判るのだが、今回の提案は協会員全体のものになっていない。こういう問題こそ埋文委に特別委を作ってもらい、協会員の意見を十分に汲みあげるというものなら賛成だ。一部の者が特権的に意識するようなものなら、あまり意味はないと思う。

C県T会員　この提案の文書を読んだが、企業丸抱えの発掘会社といった記述があるが、この調査は自治体と変わらない実績をもっているところもあり、一概にすべて駄目だといえない点もある。しかし提案には賛成だ。ただ声明の中味をどうやるのか。決議しっぱなしでは何のためかわからなくなる。いま一度協会委員会で内容を検討し、しかるべき方法で提案すべきではないか。

O県N会員　ことが個人攻撃に及ぶようなことはよくないが、立場を超えて協会員が連帯して議論だけはしておくべきだという意味で、戸沢さんの提案には大賛成だ。

先ほどのT氏の発言で、発掘会社の業績は業績として認めるという発言は、原則がどこにあるかということを、きちんとしなければ駄目だ。

T県I会員　この決議をどこに向けて出すのか。いま埋文センターというのは法人だけで四十四、公立が三十七もある。全国の開発優先の発掘が多くなるなかで、市町村単位の埋文センター等もつくられている。それらの調査員が相当数協会員に入っている。したがってこの決議を協会の総会で行うなら、そうした埋文センターの調査員の意見が反映されるまで、いましばらく待ってほしい。

T県A会員　たいへん大事な声明だ。しかし私は二十三年ばかりM市の文化財の仕事にかかわってきた経験からすれば、文化財行政の上でいま一番問題にしなければならないのは国の施策だ。文化財の考え方でも、たとえば縄文中期の土器など、どこにでもたくさんあるから重要ではないと軽視する。発掘でも行政体の担当者が施行業者を説得して、やっと実現するというのが実態だ。その点、この決議は誰に向かっているのか、もっと政治的な配慮が必要ではないのか。例えば文化庁にテコ入れするといったやり方の方が大切ではないか。

こういう声明で効果が上がるかどうかも疑問だ。行政の政治的姿勢、官僚的な対応に問題があるのであって、社会教育課の担当者など説得しても二、三年で替ってしまう。また業務命令で、理解があって能力のある担当者など、いつでも転勤させられる。だからどうしたら経済優先開発のなかで文化財を守っていくのかを具体的に示すべきではないか。

この決議を誰が受けとめ、どう具体化していくのか、その辺の内輪の反省と検討が必要なのではないか。遺跡をどうするのかといった具体的な提案を入れず、「オレはこう思う」式の決議では、「原爆を世界からなくそう」式のものになる。趣旨には賛成だが、方法や文案などをさらに検討する必要がある。

総会議長団　会員の本音が聞かれた討論だった。この問題は日本考古学界の中心的課題だと考える。しかし学会の運営にはいろいろと制約があり、今日の提案で会場の意見を一つのものにすることは困難だと思う。そこで議長団としては、この声明（案）は継続審議として、来年までに戸沢会員そして協会の委員会でも、会員の意見を集約していただいて、来年の総会で再度討議することを提案したい。継続審議としたいがよろしいですか。（拍手多数）

（補注　この発言記録は、一九八九年五月の日本考古学協会総会での、個人的なメモによるものである。）

信州の文化財行政でなにが起こっていたか

埋文センターの組織の弱体化

長野県は過去、歴史学や考古学の研究の上で、全国的にみてもすぐれた実績を残し、幾多の著名な学者・研究者を輩出した。そしてその伝統をひきつぎながら、文化財保護問題などでも、「先進県」と謳われるような、記憶されるべく成果を生み出し、少なくともしばらく以前まではそうした面でも、「信州教育」とか「教育県長野」の〝盛名〟を支える一つの役割をはたしてきたように思う。

その信州の文化財問題でいまなにが起こっているか。

三月（一九八九年）中旬、財団法人長野県埋蔵文化財センター（以下埋文センター）で新年度の人事が内示された。人事はセンターを統轄する県教委が行う。特徴的なことは旧年度まで三つあった調査部長の職が一つになった点である。調査部長は遺跡の調査計画とその実施の責任者であり、多くの調査研究員を直接指導し、刻々と変化する発掘現場の状況に即して、適切な判断と指示を与える、いわば埋文センターの心臓であり、もっとも枢要な役である（県職としての位置づけは指導主事であり、その点でも役割の重要性を理解されていない）。当然のこととしてかなりの学問的実績をもち、若い調査員の信頼を得た指導力の持ち主であることが望ましい。

こうした重要なポストが三分の一に削減されたということは、いかなる理由があろうと組織体制の点では弱体化以外のなにものでもない。それを補うかのように課長三、同補佐一のポストが新設された。ことわっておくが、この課長という名のポストも、県庁などの職制とはまったく関係のない、部長の下の〝職位〟というにすぎない。その課長の二つが新年度に調査研究員がもっとも多く集中（四十数名）する長野調査事務所におかれたが、その一つがただ一人残った部長の兼任であるという事実をみても、課長新設は部長削減の補強とはいえない。

こうした人事は埋文センターの調査研究体制のあり方を真剣に配慮したものというよりは、文化財保護に対する行政の姿勢の後退とみられても仕方がない。

発掘調査計画は達成できるのか

組織の縮小・弱体化が行政的に合理化できる理由が、いまの埋文センターにあるとは考えられない。センターの目下の最重要事業、すなわち早期開通が「至上命令」とされている長野自動車道の事前調査は、昨年度から善光寺平の本格的調査に入ったが、その主要遺跡の一つである石川条理《じょうり》遺跡は当初から予想されていた通り、厚い沖積層の下に埋もれていた低湿地に、数層にわたる古代水田址が検出され、近接する生活址の区域や溝の中からは「信濃古代史を書き換える」ほどの重要遺物や遺構が続出した（学界などにもほとんど未公開）。そのため調査は難航し、年度当初の発掘計画面積をたびたび変更し、最下層の縄文時代の文化層をふくめて、かなりの未調査面積を次年度以降にくりこしたはずである。

それにもかかわらず、今年二月の遺跡調査指導委員会で提示さた新年度の計画面積は二〇万平方メートルという膨大なもので、委員会では計画の再検討が指摘された。その上の組織の弱体化である。計画の達成をはたして期待できるのだろうか。

なお現在でも続行されている明科までの調査区間（塩尻・松本地区）の中にも、問題が残っていないわけではない。

研究を疎外する開発優先の文化財行政

埋文センターは長野・塩尻・佐久に調査事務所をもっているが、新年度から調査研究員の主力は長野に集中し、塩尻・佐久にはわずかが残留する。そして後二者には調査部長もおかれない。しかしその塩尻・佐久両調査事務所に作業が残らないわけではない。

それは昨年度までに発掘された莫大な資料の整理と研究（報告書作成）という、発掘以上に重要で高度な専門性を要する仕事である。その仕事に部長はいらないという組織の変更は、文化財を県民（国民）共有の財産として大切にするという認識に欠け、学問や文化の重要性を無視した処置といわざるをえない。そこには文化財を保護し活用するという「文化」行政のあるべき姿は影をひそめている。

一方、石川条理遺跡や篠ノ井遺跡群（県内最大最重要な弥生時代遺跡の可能性が強い）、さらに古代の渡来人問題をとく鍵の一つとして、全国的に著名な大室《おおむろ》古墳群の一部などをふくむ、長野調査事務所の新年度計画の発掘調査が、総勢四十数名、内三分の二以上が昨年度一年だけの経験者か、今年はじめて考古学に接する教員からの出向の調査研究員（後述）ということで、過重なノルマ（発掘計画面積）とあいまって、少なくともいままでの水準を維持する学術調査が可能かどうか、危惧の念を禁じえない。

かつて松本平の調査で単年度二十万平方メートルを超える発掘を強行したことがあった。他に例をみないほどのノルマであったが、それでさえ三部長、六十余名の調査研究員体制と、次年度以降の適正な計画立案を信頼し、研究に夢をかけた若い調査研究員の犠牲的な努力があったからこそ、いくつかの懸案事項は残したとはいえ、まがりなりにも、計画は達成した。

長野道の早期開通を願わない県民はなく、オリンピックの招致は多くの県民の支持があると聞く。だからといって、文化財の調査を犠牲にすることは絶対に許せない。長野調査事務所の関係者が、計画を前に「顔面蒼白、計画の完成には自信がもてない」などといっている現状を、行政当局が無視しないよう祈ってやまない。

いわゆる「教員出向体制」の問題

埋文センターの弱体化をもたらせる原因の一つに、前述したように調査研究員の大半を県内の現職教員を、短期間出向させるというやり方の問題がある。

長野道の豊科開通見込みが危機的状況にたちいたった時、県内外の若手研究者十数名を急拠「プロパー（専任調査研究員）」とみなして埋文センターは採用したが、それ以外の六十名余の大部分は二〜三年の交代で学校から派遣された教員である。なかには地域の中堅考古学研究者として専門的な調査研究に十二分に対応できる人もいて、部長として、また部長でなくとも埋文センターの中核をなす調査研究員として、それぞれ大きな貢献をはたした。そして何人かは将来も研究者として埋文センターの礎となることを決意した人もいたはずである。しかし、そういう彼らもやがて埋文センターを去らなければならなかった。

そのことは一九八八年度に発足した県の「文化財に関する施設建設基本構想懇話会」の埋文センターの位置づけの問題にも関連するが、行政当局がすぐれた資質をもった調査研究員を定着させ、かつ大きく育てることのできるような、埋文センターおよび近く具体化する県立博物館との一体化・共存を含めた、将来構想の策定を怠っていることが原因である。

指導委員会では、その発足当初から再三、再四その点を当局に指導し、また要請もしたが、ほとんど効果はなかった。現状では前記「懇話会」での討議内容も、そうした問題についてあまり期待がもてない。

つまり、どんなに夢をもとうとも、埋文センターの出向調査研究員は教員としての身分や将来は保障されても、埋文センターの研究者、専門職員としての将来性はまったくといってよいほど見出せないのである。「今年教員に帰らねば、学校での将来は……」などと管理者に説得されたという事例は毎年のようにあるらしい。

「教育県長野」はすぐれた資質をもった豊富な研究者を大事にしようとせず、あたらその豊かな才能と人材を県の文化行政から遠ざけているといってよい。そして人数さえそろえばそれでよいといった安易な姿勢でことを処しているといえないだろうか。

ひと言つけ加えるならば、埋文センターに出向した教員の多くは、未知の学問についてよく学び、努力して、調査研究員としての一定の役割をはたしていることも事実であり、私自身いままでもいく度か、発掘現場などでその姿に接して感銘を得たことがある。そうした教員出向の調査員が学校に帰った時、遺跡での体験が生徒・児童の教育に生かされることを期待したことさえあった。

県民の文化は県民の総意で

長野県の文化財行政全般について書くつもりが、埋文センター問題の一部だけで紙数が尽きた。ここでとり上げたかった他の問題としては、

①やがて県土（国土）を荒廃にみちびくのではないかとおそれを抱かせるような、いわゆる大規模リゾート開発への対応の問題。

②開発優先の政策促進（「ふるさと創生」なども含めて）の中で、責任の順送り（下達？）で現場の苦悩を直接受けている市町村レベルでの文化財行政の問題。

③そのことと関連して、他県ではすでに研究者の課長さえ出ているというのに、係長さえ研

究者を任命できないばかりか、わずか四人の指導主事（一人は専門外）で広い県内の指導や開発の事前協議など、休日も返上してかけまわっても、まだ最低限の行政処理しかできない県教委文化課理文係の劣弱な体制など、多くの課題がある。

これらの問題点を総合してみると、それは県の文化財問題への対応、あるいは文化行政全体の構造的欠陥としてとらえられる。その中で起こるであろう矛盾は、人格や人権問題にもかかわりかねない人間関係のみだれ、資料や成果の公開や公表にかかわる不当な制約等々の黒い気流となって、いつ顕現しないとも限らない。そんなことは真の文化の創造とはまったくあいいれないものだ。

それはいま信州ばかりでなく、日本列島全体をおおいはじめようとしている、学問・研究・思想・表現の自由を抑圧する暗い霧と同根の現象である。かつて「白樺」の思想があり、「信州教育」があり、「教育県長野」の誇りがあった信州で、そんな動きは断固として阻止せねばならない。そのためにはたとえば文化財問題についてみても、県民と研究者と行政の総意をまとめるための、自由で活発な論議が、いまこそ必要な時であろう。

（一九八八年四月三、四日『信濃毎日新聞』、原題「信州の文化財行政を問う　上・下」）

歴史遺産を新千年紀へ

完全な仮面土偶の発見

今年（二〇〇〇年）の夏もまた考古学にかかわるいろいろな話題があった。

ごく身近なことでは、八月末の長野県茅野市中ッ原遺跡での大型「仮面土偶」の発見は多くの人びとの大きな感動と関心を集めた。それは出土した土偶が「国宝・縄文ヴィーナス」に勝るとも劣らぬすぐれた造形であり、墓地の中の一つの土壙の中に、完全な形で埋納された状態で発見されたという、縄文時代の土偶としては、かつて例のない一級資料であるからである。

それだけのことなら、発掘者が右のような事実を正確に記録し、専門家が十分に研究を重ねて、土偶の優秀性と出土状態の意味などを解釈すれば、今回の「仮面土偶」の学術的な重要性は十分に生かされるに違いない。

しかし、茅野市当局と調査団はこの土偶の発見からとり上げにいたるプロセスの中で、一つ

中ッ原遺跡の墓の中に置かれた仮面土偶の出土状態（尖石縄文考古館提供）

の大きな決断をした。それはとり上げてケースに納められ、やがては博物館に陳列された形でしか土偶を公開するのではなく、土に埋もれたままである土偶、とくに墓壙に埋納されたままの状況を、なるべく多くの人に見てもらうことはできないかということであった。

出土状態の一般公開

発見当時は酷暑続きで、一部を地中から露出した大型で微妙な造形品である土偶を、そのまま置くことは保全上問題があって、一刻も早く精査をすませてとり上げる必要があった。しかし茅野市は考古学の発掘では未曽有ともいうべき、土偶の出土状態の一般公開を決意した。

土偶発見から五日目、まず報道関係者に現地公開された。五十人を超える記者・カメラマンなどが参集して現地で熱心に取材し、内容のある報道が各メディアから流された。

そして翌々日には一般公開が行われ、数時間の短い時間に、約四千人の参観者が炎暑の中、長蛇の列をつくった。そしてまだ半分土中に埋もれたままの土偶であったが、だれもがいちがいに感動と感嘆の声をあげた。

ここにいたる一週間余、調査の担当者は連日現地のテントで徹夜の監視にあたり、一般公開日には土偶の安全を確保するため、市当局は市長をはじめ多くの関係職員が、現場での見学者誘導や交通整理に汗をかいた。

四千年の眠りから覚めた「仮面土偶」は、この市民の盛大な歓迎に、おそらくびっくりしただろうと思う。そして自分たちが生きたはるか遠古の歴史に、大きな誇りを感じたに違いないと、発見以来、ずっとこの土偶とつきあった私は、ふとそう思った。

縄文人と親しむ

この大型「仮面土偶」発見の直前、茅野市は縄文集落研究の発祥地として学史的に著名である特別史跡尖石遺跡と、その調査者である宮坂英弌《ふさかず》氏を顕彰し、さらに市内棚畑遺跡出土の大型土偶（縄文ヴィーナス＝愛称）が、縄文時代の遺産としては最初の国宝に指定されたことを記念して、尖石遺跡の史跡公園の整備に着手し、その中核的施設として「尖石縄文考古館」をリニューアルオープンした。

そして七月末に行われた開館行事は「茅野市五千年祭」と銘うって四日間、徹底した市民参加の企画を多く用意して盛大に行われた。参加者約三万人を数えたそれらの諸行事は、数千年前の縄文人の歴史に親しみ、その豊かな生活を支えた八ヶ岳山麓の自然を見直す中で、新しい時代、新ミレニアムに向けての地域づくりの哲学と方向性を、市民の決意として示したものと位置づけてよい。

黒耀石のふるさと構想

こうした「尖石縄文考古館」の開館に続いて八月の初めには、小県郡長門町が明治大学と協力して設置する「黒耀石文化研究センター」の建設が始まった。これは町内鷹山地区で町と大学が十数年間共同調査を続けてきた、黒耀石原産地内にある岩宿（旧石器）時代の一大石器製作場跡と、縄文時代を通じて一万年近くもの間、石器づくりの原料として採掘が続けられた、世界でも例のない石器時代の黒耀石鉱山跡の調査と研究を、永続して行うための共同研究施設として計画されたものである。

この研究施設と併せて、町は遺跡群一帯を「黒耀石テーマパーク」として整備し、その中に体験学習を通してだれでも楽しく学べる博物館の構想を、多くの町民が参加する協議会を設置して精力的に検討している。

数年後には大学が担う最先端の学術研究と、積極的な住民参加に支えられた、ユニークな遺跡の保存と活用の成果が世に示されるものと期待される。

原始・古代のムラの復元

八月末、塩尻市では「史跡平出遺跡発掘五十周年記念シンポジウム」が開催された。

この会合では、終戦直後の貧困な経済状態の中で、人口五千足らずの一小村の宗賀村（現塩尻市）が、村の総予算の一五パーセント（当時の金額で一四〇万円）を計上し、中央・地方の専門家多数からなる調査団を編成して、三カ年余にわたる発掘調査を主催し、静岡県登呂遺跡と並ぶ日本最初の古代農村復元の総合研究を成し遂べたことがあらためて高く評価された。

そしてその後五十年間、開発の進んだ塩尻市の、その中心市域に含まれる十五ヘクタールの広大な農地を、史跡として保存しつづけてきた地域住民の努力に、参加した三〇〇人を超す市民や研究者から称賛と敬意の声が捧げられ、市当局が示した平出遺跡を中心とした地域ぐるみの整備計画に理解が示された。

それは過去の歴史と未来の発展を結びつけようという、塩尻市民の世紀をまたぐ偉大な構想として結実するだろう。

いま長野県内の例だけでなく全国的に盛んな同様な試みは、二十一世紀を目前として、歴史遺産を新千年紀へ向けた国民のアイデンティティー形成に役立てる一つの試金石として注目したい。

それは当然のこととして、平和と自由を基調とし、人類が互に共生していくという志向を、地域住民の身近な文化財から学び、確認していくものであるべきである。

（二〇〇〇年十月二十六日『中日新聞』）

V　追慕の記

信州をこよなく愛した考古学者――八幡一郎

一九八七年十月二十六日、八十四歳というご高齢で亡くなられた八幡一郎先生は、その五年前、「古代人に魅せられて」（『来し方の記』信毎選書、一九八三年）という、学者としての先生の生涯をふりかえられた懐旧録風な文章を書きのこされている。全体として先生らしく、感情を交えない淡々とした記述で終始しているが、その最終章の一節に次のような一文がある。

「伯父の八幡氷湖にフチ・ヌプリ（アイヌの富士山の呼び名―筆者註）の話を聞き、畑の石器に関心を抱いてより七十年、……私の歩いた道が人類学であるか、考古学であるかは別として、ただ究極は人類史研究に低迷したものと思う。一塊の石器、一片の土器も、それを生活のために作った人間を離れ得なかったことは確かである」

八幡一郎先生の「古代人に魅せられて」には、先に引用した文章につづいて、ふるさと信州を思う次のような一節もある。

「……いかに環境破壊が進んでも、わが郷里信州はその粛然たる自然にぐるりととり巻かれている。まだ路傍にはスミレが咲き、タンポポが咲いている。季節季節の小鳥の往来は途絶えていない。荒廃したといっても山林には樹木が残っている。川にはタニシやホタルがあまり見られなくなったといっても、小ブナくらいはすんでいるのだろう。クワの実やマメガキは食べられなくなったかも知れぬが、キノコやイチイの実はいまも採れると思う。私は（信州に）まだ希望を捨てていない」（カッコ内筆者註）

郷里の岡谷美術考古館前で
中央が八幡先生（1982年）

飾りのない言葉ではあるが、八幡先生の文章としてはめずらしい情感のこもった一節で、先生の郷里信州に対する切々たる愛着を感じさせる。

＊

八幡一郎先生は、生まれた町（長野県平野村、現岡谷市）でも、育った学校（諏訪中学、後に清陵高校）でも、私にとっては大先輩である。しかし高校時代の考古学の私の恩師は宮坂英弌氏や藤森栄一氏であり、大学に入ってからは明治大学の先生方が恩師であった。だから私は八幡先生から直接考古学の教えをうけることなく、私の青春時代を過ごした。そのことはもう少し年月が過ぎたある頃から、とても気になり、このまま過ごしてはいけないと、一種の焦りのようなものをしばしば感じたことがある。八幡先生から学ぶべきこと、また学びとらなければいけないことがたくさんあるはずだという想いであった。

これはまったく偶然のことだったが、学生時代私が下宿をした杉並の下高井戸の安アパートから、ほんの数百メートルはなれたところに先生のお宅があった。ある日、先生の奥様が突然私の下宿に訪ねてこられて、「戸沢さん、信州からおいしいお味噌が届いたから、夕食に味噌汁を食べにいらっしゃい」と、いとも気やすく告げていかれた。私はたいへん驚くと同時にとてもうれしく、その夜はじめて先生のお宅へおじゃました。当時先生としげく行き来していた江坂輝弥氏が私の下宿を教えたのだということがわかった。その夜のことはよく覚えていないが、奥様も信州(佐久)のご出身だから、話は信州、信州……でもちきりだったと思う。

その後も数回、先生のお宅におじゃましたことがあったが、いつも話は信州のことと、研究にはあまり関係のない、考古学のまわりのことばかりだったと記憶する。藤森栄一氏と杉原荘介氏、さらに和島誠一氏らが若い頃、新婚間もない八幡先生のお宅で、深夜まで大声で学問論、変愛論をたたかわせて止まず、ついに先生の雷が落ちて退散したなどという話を、八幡先生はビールを口にしながら、なつかしそうにいつまでも話してくださったのをいまでも印象深く思い出す。

たまたまある夜のこと、話が先生の敗戦直後の旧満州・朝鮮での抑留生活と、その後の引き揚げの苦労話におよんだ時、先生は涙を浮かべながら、同胞が見るにしのびない虐待を受けた様子を語り、最後に「スターリン元帥は許せない」と大声で叫んで、唖然《あ》としている私に向かって、「やあ、思わず……、すまん」といって、近くにあったタオルで眼頭を拭《ぬぐ》った姿はいまでも眼に焼きついている。それは政治でもイデオロギーでもない、先生の人類愛、人間愛であると、後でしみじみ思った。

そのうちに先生も久我山に居を移され、私も下宿がかわったりして疎遠にすぎた。後年、岡谷市の海戸《かいど》遺跡や樋沢《ひざわ》遺跡の調査、『岡谷市史』の仕事で先生のご指導を受けるようになり、信州で、それも郷里の岡谷や諏訪で、宿を伴にしていただいたりして、ご一緒することが多くなったが、その時も話題はやはり信州の人や土地や自然や歴史のことが主で、とくに昔の思い出話などを、あの静かで温厚な話しぶりで何回もお聞きした。また八幡先生はたいへん話の聞き上手でもあって、同席した人はみんな楽しんだ。

つい想い出がながくなってしまったが、とにかく八幡先生は私を研究者としてよりは、同じ信州の同郷人だという感じでおつき合いしてくださったように思う。おそらくそれは、研究者の卵として私が歩んでいる道と環境を、先生はよくご存知で、それでだまって温かく見守ってくださった、先生のやさしさだったといま私は思っている。

八幡先生が亡くなられる前年、私ははじめて学者として、また人間としての先生の学問について文章を書いた。『歴史手帖』の「長野県の考古学——考古地域史の確立を目ざして」というものである。お送りした雑誌の返礼をすぐ書いてくださった。「私の若い時のつまらぬ仕事を思い出させてくれてうれしく思います」といった内容の封書だった。

それ以来、八幡先生の「郷土考古学論」や、それを含む日本考古学では類まれた「先史学方法論」全般を、再評価するような論文を書きたいと思いながら時を過ごた。そして昨年（一九八七年）十月二十六日を迎えることになってしまったのである。

八幡先生のご葬儀に参列した日の夜、たまたま大学の夜間部の講義があって、そこで私は「追悼、八幡一郎先生と地域研究」という特別講義をした。私の教室での話にしてはめずらしく、その夜の講義では学生の反応がよかった。

ついで今年（一九八八年）の一月、八幡先生もご縁の深い諏訪教育会の郡史編纂部の主催の研修会で、「諏訪史第一巻と考古地域史」という話をした。いまあの『諏訪史第一巻』を新しくつくりなおすという計画が具体化しつつある。八幡先生のご遺志をより発展させることが新しい事業の使命だという話をした。

そして五月、諏訪考古学研究会の発足の記念講演を頼まれて、「考古地域史のめざすもの」という題で、若い世代の諏訪の研究者たちに、八幡先生以来の諏訪の考古学の伝統を生かした、新しい考古学の創出を訴えた。

（一九八八年十月『長野県考古学会誌』五七号、原題「八幡一郎先生と郷土考古学論」（抄録））

「人間史的史観」を貫いた考古学――藤森栄一

豊かで多彩な著作活動

『藤森栄一全集』（学生社刊）がこのほど完結をみた。全十五巻、各冊平均三二〇ページという大形の全集である。一人の考古学者がこれほどの全集をもったということは、少なくとも日本ではいままであまり例のなかったことであろう。

それは信州の生んだ考古学者、故藤森栄一先生の研究活動と著作が、一般にアカデミズムの学者がそうであるように、専門的・実証的な業績（学術論文や研究報告等）に限定されず、また主に信州を研究のフィールドとした地域の研究者であったにもかかわらず、狭い郷土史的視野に閉じこめられることなく、「人間史的史観」ともいうべき大きな観点から、さまざまな対象をとらえた多彩な論文を、文字通り死の直前まで生涯を通じて書きつづけてきたからである。

藤森先生の業績の内容と、そこに盛られた「史観」とはどのようなものであったかということは、全集の全巻の構成と、各巻のために書かれた解説の表題を一覧してみれば、全体をとらえることができるであろう。


第一巻『かもしかみち』(「人間藤森栄一とその考古学の原点」解説・戸沢充則)。

第二巻『心の灯』(「久遠に輝く心の灯―自伝的生涯」解説・神村透)。

第三巻『古道』(「道を求めて歩んだ生涯」解説・桐原健)。

第四巻『蓼科の土笛』(「うたいつづけた信濃―自然も歴史も人のいのちも」解説・服部久美)。

第五巻『旧石器の狩人・二粒の籾』(「考古学への情熱に生きた人間の記録」解説・林茂樹)。

第六巻『信州教育の墓標』(「教育者藤森栄一とその系譜―アマチュアリズムの原像」解説・森嶋稔)。

第七巻『石器と土器の話』(「わかりやすい考古学」解説・松沢亜生)。

第八巻『縄文の八ヶ岳』(「実感として書かれた考古学の世界」解説・樋口昇一)。

第九巻『縄文農耕』(「高原に甦える執念の灯」解説・武藤雄六)。

第十巻『銅鐸・弥生の時代』(「生活する古代人の追求」解説・桐原健)。

第十一巻『古墳の時代』(「考古学と古代史の結合」解説・宮坂光昭)。

第十二巻『旧石器・縄文の時代』(「縄文人を掘りおこす研究の軌跡」解説・戸沢充則)。

第十三巻『小説・宗門帳』(「藤森栄一の文学とその世界」解説・野本三吉)。

第十四巻『諏訪神社』（「神から人の歴史への考古学」解説・宮坂光昭）。
第十五巻『考古学・考古学者、日記』（「藤森栄一の生涯とその四つの節」解説・神村透）。

生きた人間史への強い志向

各巻の解説を分担したのは、いずれも藤森栄一先生によって考古学への道を開かれ、生前の先生に師事し、あるいは共同研究者として育てられ、現在長野県内外で考古学界の中堅として活躍している研究者である（野本氏はルポライター）。

その解説は藤森先生に対する切々たる敬愛の念をそれぞれの内に秘め、人間としての藤森先生の姿とその学問の精神を、多彩な作品の中からあますところなくさぐり出そうとした、いずれもユニークな「藤森栄一論」であり、この全集の一つの特徴をなしている。

それらの解説が一致して述べている「藤森考古学」の重要な特色は、それが死んだ過去の考古資料としての石器や土器の研究ではなく、そこにはつねに過去に生きた原始・古代人、そればかりではなく現在も生きている人間につながる歴史が描かれているという指摘である。

具体的な例をあげれば、戦前の代表的な業績の一つである『古墳の地域的研究』（全集第十一巻所収）では、死んだ過去の亡霊、モニュメントとして古墳を問題にするのではなく、古墳に葬られた人の背後にある生産や、その社会（部族）の性格を古墳群の考古学的な検討を通して、歴史的な現実として理解する試みを大胆に行った。こうした古墳群研究の方法と視点は、日本考古学史上先駆的な業績として評価されている。そして戦前に書かれたこの論文は、皇国史観的古代史への批判でもあった。

また戦後の『縄文農耕』（全集第九巻所収）に関する数多くの論文やエッセイは、縄文文化の研究を無味乾燥な〝土器いじり〟の束縛から解放し、縄文人の生活と歴史に生命の躍動を与える大きなきっかけをつくった。

高校卒業式の日、藤森栄一先生夫妻との記念写真。筆者（後列中央）と先生が一緒に写った数少ない写真だが、なぜかピンボケである。

もともと人間不在の歴史は存在しない。その歴史を明らかにすることを目的としない考古学は学問ではないという、「藤森考古学」における「人間史的史観」の輝かしい成果である。

生き抜くことへの哲学

藤森栄一先生の「人間史的史観」は、氏が専攻する考古学の研究をこえて、より豊かな一つの世界を形成した。『旧石器の狩人』『二粒の籾』(全集第五巻所収)などに登場する多くの有名無名の研究者の情熱と生き方に深い共感をしめし、『信州教育の墓標』(全集第六巻所収)では信州教育を支えたアマチュアリズムこそ教育と学問の質を高める源泉であったと説き、その中に生きた教育者であり研究者であった人びとを高く評価した。さらに小説(全集第十三巻所収)の世界にまで踏みこんで、ただひたすらに人生を生き抜こうとした人間群像に限りなく愛情を注いだ。

このように藤森先生にとっては、石器や土器といった考古資料も、長い人間の歴史の中で浮き沈みした無数の人びとも、そして自然や現実社会の政治や経済の出来事さえも、それらはすべて人間とはなにかを知るための素材となったのである。

こうした藤森栄一先生の書き残した多彩な作品群は、いま全十五巻の全集としてまとめられた。それはまさに「人間史的史観」に貫かれた「藤森考古学」の体系であり、ロマンにみちた「哲学」であるといってもさしつかえない。

藤森先生の死後十三年、いまこの壮大な体系を手にした時点、私たちをとりまく現実はきびしい。開発優先の文化財行政の下で、また歴史教育の反動化の流れの中で、考古学の存立基盤がゆらいでである。それどころか人類数百万年の歴史が、核兵器の使用によって一瞬のうちに、地球上から消滅する危機さえある。

「藤森考古学」の「史観」と「哲学」とそして人間史としてのロマンを、人類史の永遠の平和のたたかいに役立てるべき時である。

補注　藤森栄一氏は一九七三年に死去した。まだ六十二歳の若さだった。

（一九八六年八月二十日『信濃毎日新聞』、原題「完結した藤森栄一全集」）

地域に芽生えた原始集落の研究——宮坂英弌

人間不在の考古学史

過去一世紀におよぶ日本考古学史を簡単にふりかえってみると、明治時代の考古学は、日本石器時代人コロボックル説とアイヌ説で代表される、人種、民族論争の段階であったと総括される。当時の著名な学者のすべてを動員して行われ、多くの国民の関心を集めた、はなばなしい論争ではあったが、それは発掘調査や資料の厳密な検討を抜きにした、科学的根拠に欠けるところの多い、いわば水掛け論であった。

大正時代になると、右のような論争への反省も加わって、遺跡での発掘事実や、そこから得られる遺物の正確な分類・記述を、なによりも先に重要視するという実証主義的な学風が起こった。

そうした中で縄文時代に関する研究では、土器の編年学的研究が、もっとも著しい成果をあげた。遺跡から出土する多量の土器を分類する。そしてある時期とある地域に特徴的に存在する土器群に「何々型式」という名をつける。そうして得られたいくつかの土器型式間の新旧を決める。さらに他地域の土器型式と比較するという手順を経て、文字で書かれた年代記のない原始・古代史に時間的順序を与えようというのが、編年学的研究である。

この研究は、考古学が扱う時代のさまざまな資料に、正しい年代観を与えるための、絶対不可欠な基礎的な研究の手段である。それゆえに編年学的研究が一定の成果を生み出した昭和初年以降、それは「考古学の正道」であり、「日本考古学の秩序」であるとして、学界で評価されてきたのである。

右のような学史的な評価はそれ自身まちがいではない。しかし本来、研究の手段であるべき土器の編年が、学者や研究者の安易な態度によって、それが目的にすりかえられたとき、日本考古学は土器いじりの趣味的な学問とさえ極言されるような遺物偏重主義で、歴史と人間が不在の、不毛な学問に転落せざるを得なかったのである。

重要視されなかった縄文のムラ

考古学の目的は原始・古代の歴史について、人びとの生活を復原し、彼らがつくり出した社会と文化の動きの中から、歴史の原点にあるものを明らかにすることである。そのためには考古学者が歴史家の眼をもって、原始・古代人の生活に密着した考古学的資料に対して、もっと真剣にとり組むことが必要なのである。

昭和二年に八幡一郎氏などを中心とした調査団が、千葉県姥山《うばやま》貝塚で、はじめて縄文時代の竪穴住居址の全面発掘に成功した。この発見は「石器時代の家みつかる」というセンセーショナルなニュースとなって、全国的な注目を浴びたと伝えられているが、「日本考古学の正道」をひたすらに歩みつづけていた学界の主流は、きわめて冷淡にこの重要な発見を見過ごしたのである。そして戦前戦後の半世紀もの間、営々として世界でも比類のない精密な年代の物指(土器の編年研究)の完成につとめてきたのである。

昭和初年、姥山貝塚での竪穴住居址群の発見を契機として、当然、日本考古学界があげてその研究の重要性を認識し、積極的に究明の鍬をうちおろさなければならなかった石器時代集落の研究は、学界の中央ではそれ以上に進展することはなかった。

原始集落研究は尖石から

住居は昔も今も、人びとの生活の中心である。その家が集まる集落は社会生活を営む人びと

宮坂英弌先生（前列右から3人目）をかこんで、尖石を訪れた学界のそうそうたる学者の顔が並ぶ（1940年）

の行動の拠点であり、社会の基本的な単位である。それゆえに石器時代人が残したどんな土器も石器も、住居や集落の中で相互に関係のある形でとらえられてこそ、原始・古代史の真の研究のために有効な資料となり得るはずである。当時の学界の主流はそのことに眼を閉じていた。

しかしその頃、縄文時代のムラの存在をはじめて明らかにし、その集落構造を通じて原始社会の本質に迫ろうという着実でねばり強い研究の第一歩が、山深い信州の八ヶ岳山麓の一角で踏み出されていたのである。それこそが尖石遺跡であり、生涯をかけてその大遺跡を独力で発掘し、遺跡を守りつづけてきた宮坂英弌《ふさかず》先生だったのである。そして、中学校は先生の後輩であったが、その頃すでに中央の学者として活躍していた、八幡一郎氏が尖石の研究を熱心に支援した。

戦後、宮坂英弌先生が発掘した尖石や与助尾根における縄文時代中期の、文化的にもきわめて発達した様相を示す石器時代のムラを目の前にして、故藤森栄一氏の「縄文中期農耕説」が具体的に展開される契機となった。

そして最近の十年来、旧来の縄文時代研究にあきたらない若い世代の研究者の間では、尖石・与助尾根集落のいろいろな角度からの分析を起点として、縄文時代の集落構成の研究、遺跡群の把握による領域（石器時代の生活圏）論的研究、あるいは集落遺跡に残された遺構・遺物を総合的にとらえて、生産形態や祭祀形態、宗教構造を明らかにしようとする研究など、原始社会の本質そのものにかかわる意欲的な業績があいついで発表されるようになった。

若い世代に希望を与える受賞

宮坂英弌先生（茅野市尖石考古博物館長）の吉川英治文化賞の受賞は、とくに次のような点で、現在の日本考古学界にとって、きわめて有意義なことである。すなわちそれは、日本考古学史の上で、宮坂先生による尖石遺跡での発掘がそのさきがけの役割をはたした縄文時代集落の研究が、いまようやく学界における研究の主流になろうとしている時の受賞であるということである。半世紀にわたって、日本考古学界の中で凍結状態にあった縄文時代集落＝原始集落の研究が、ようやく考古学の真の目的を達成するための研究として、学界の中心課題となってきたというのが現状である。

宮坂英弌先生の今回の受賞は、もとより先生の半生をかけた人間的な苦闘と、そこから生み出された輝かしい業績に与えられるべき当然の栄誉である。と同時に、原始社会研究の新しい方向を担う若い世代の研究者にとっても、明るい希望でもあると信ずるのである。

補注　宮坂英弌氏はこの受賞の翌年（一九七五年）八十五歳で死去した。

（一九七四年三月十日『信濃毎日新聞』、原題「原始集落の研究と宮坂先生」）

信州の考古学を支えた「信濃史学」——一志茂樹

改めて私がいうまでもなく、雑誌『信濃』は、一志茂樹先生が残された、巨大な信州の歴史学の山脈である。いま前人未踏のその高い峰の頂上に立った一志先生は、はるか麓の岩場の前に立往生し、あるいは必死にそこにとりつく私たちを、あのきびしくて、しかし思いやりの深い眼で、じっとにらみつけておられるにちがいない。

その一志先生の『信濃』が、私たち信州の考古学に、どれだけ大きな力を与えてくれたかは、はかり知れないほどのものがある。最近発行された一九八五年版の考古学特集号（『信濃』三七—四）の編集後記に、その全体に関して、一志先生と『信濃』と考古学の深い結びつきを、要領よくまとめた文章があるので、私はここで全体的な記述は避けて、個人的な回想を記して、一志先生に対する一考古学徒としての、限りない敬愛の意を捧げたい。

私の「処女論文」

私の「処女論文」は、まだ私が高校三年生の時、一九五〇年七月発行の『信濃』に掲載させていただいた。論文というほどの内容のものではなく、「岡谷市下《くだ》り林《ばやし》遺跡の早期縄文式土器」という、所要頁数二頁半ほどの資料紹介であった。これが活字で世に出た最初の専門的な文章という意味で、私の「処女論文」だったのである。

当時、東京の学界では縄文早期の研究が盛んで、下り林遺跡の土器は長野県下では最初の本格的な早期の資料だというので、故藤森栄一先生を通じて東京の一部の研究者も注目していたものである。高校生だった私は気負い立って、原稿七十枚ほどの報告書をまとめ、当時創刊されたばかりの学界誌『考古学集刊』に送った。

信濃史学の巨人・一志茂樹先生

しかしいくら待っても報告書の載った『考古学集刊』は送られてこなかった。私のまわりは進学の受験勉強が本格化するし、学業劣等生の私は大学進学もかなわず、考古学者の夢も破れたと思い込んで、〝青春の苦悩〟にあけくれる毎日だったことを覚えている。学界も大学もふくめ、アカデミズムの考古学は駄目だなどと力んで、ガリ版刷りの『諏訪考古学』を、藤森栄一先生の下で、焼けつくような思いをこめて必死につくったのもその頃だった。『考古学集刊』は下り林の報告が載らないどころか、敗戦まもなくの頃の苦しい経済事情や学界の状況があって、一九四九年一一月発行の第三号を出したまま、長い休刊状態になっていたのである。高校生の書いた報告書が活字になる可能性などまったく失われていたのである。しかし私の気持ちはあきらめきれなかったのだろう。七十枚の報告書を十枚余りの小報に要約して、堂々（?）と『信濃』に投稿したのである。藤森先生にも相談しなかったし、紹介もしてもらわなかったと思う。原稿にそえて、何か編集部宛の手紙を入れたような記憶もあるが、内容はいま覚えていない。

それからしばらくして、一志先生のところから校正刷が送られてきた。同封されてきた原稿に、先生の筆で字句の訂正や編集上の指定が、じつにていねいに、きれいに朱書きされていたことが、一種の感動をともなった強い印象として、いまも鮮明に記憶している。それは編集者というものは、たとえそれが専門外の分野のことでも、すみからすみまで一字一句原稿を読むんだなあという驚きと、それ以上に一高校生の原稿に、一志先生のような偉い編集者が自ら朱を入れてくれたという、なんともいえない嬉しさであった。

下り林遺跡の小報が印刷された『信濃』二―七は、その後『信濃』が年一回企画した最初の考古学特集号であった。その雑誌は夏休に入る直前に送られてきた。次の日、通学の列車の中でも、学校までの道や、授業を受けている教室でも、『信濃』を手放さず、一日中、何回もいや何十回となく読み返した。とくに編集後記に一志先生が「岡谷市下り林出土の縄文土器についての報告書を寄せられた戸沢充則氏は、新制高等学校の生徒である。今後は学生諸君の調査報告もなるべく載せたいと思うから、十分推敲した上、送稿してほしいと思ふ」と書いて下さったのを、穴のあくほどみつめたものだった。

『信濃』三七―四の編集後記に考古担当の編集員氏が書いたように、一志先生が「若い考古学研究者に論文発表の場を与えることによって、多くの研究者を育ててきた」という評価は、私には青春の体験をふまえた実感以上の事実としてあったのである。

「地域研究」への自覚

第二回目の投稿は、私が大学に入った翌年の一九五三年のことで、「諏訪湖周辺の中期初頭縄文式遺跡――諸磯《もろいそ》式文化期における漁撈集落と狩猟集落」(『信濃』五―五)という論文だった。その内容は、長野県を中心に咲き誇った縄文中期の文化の直前、県内にも広く分布をみせる縄文前期の諸磯式系土器群を出す遺跡は、諸磯a・b式土器の遺跡と諸磯c式およびそれに続く型式を出す遺跡では、遺跡の立地・分布、保有する石器などに差があり、前者は漁撈活動をよくし、それと対象的に後者は狩猟と植物採集が主体の生活を行ったという分析を経て、諸磯c式土器が一般に中期初頭型式とよばれる、何段階かの土器型式の型式変化をスムーズにたどって、中部山地的な縄文中期土器とその文化を生むといった論旨であった。

この小論は、当時何かに憑かれていたように、薄ぎたない学生寮の部屋で、徹夜の一夜を含めて丸一日で書きあげたような記憶がある。そして数日後に大学内部での考古学研究会の席で、「小さな主題」と題して『信濃』に投稿した論文の内容で研究発表を行った。その発表要旨(『ミクロリス』七、一九五三年所収)の冒頭に次のような文章を書いた。少し長い上に小生意気な一文だが再録させていただく。

「考古学の正道と銘うつ日本先史考古学史の輝かしい伝統が、僕等の研究の方向をどんなに強く指し示しているとしても、型式編年学の底を流れているべき数多い問題が、殆んどといってよいほど意表されていないはがゆさは、特に幼い僕等にとっては一つの懐疑たらざるを得ない。そこから出発する問題解決の意欲がもしあるならば、率直に、しかも考古学そのものによって、僕等は語らなければならないであろう。

そうした意味で、地域と時間を限った考古学事象の中には、僕等が語るべき多くの主題がころがっている。日本考古学の〝正しい秩序〟を〝新しい発展〟として止揚する方向は、限られた地域と時間の中に生起した事実を問題としてとりあげた〝小さな主題〟を、考古学の正道の中へ批判総合していく方法をおいて他にないものと思う。またこうした方法は現象として知られた型式を一つの文化様式として認識する手段として、方法論的にも全く正しいと確信される。そうした理念の下に、僕は長野県諏訪地方の中期初頭縄文文化に関する、一つの小さな主題をとりあげてみた。」

要するに縄文時代研究における型式編年学偏重への批判と、その後私が折りにふれていいつづけることになった、考古学における「地域研究」についての、私にしてははじめての発言だった。

考古学に「歴史」を求める

原稿を『信濃』に送ってから十日ほど過ぎて（大学での研究発表の二、三日後）、一志先生から手紙が届けられた。ちょうどその時編集作業に入っていた『信濃』に、歴史地理学的な論文

（町田正三「社会科学としての地理学試論」）が掲載されるので、急拠、寄稿された論文をさしこむことにしたという、連絡が目的の手紙だったと記憶している。しかしその手紙には、便箋数枚にわたって、一志先生の考古学に対する、また『信濃』に寄せられる考古学の原稿に対する意見（むやみやたらに図が多いとか、羅列的な資料報告に終わるものが多くて困るなどの内容だったと思うが、残念ながらその手紙をどこかにしまい忘れて、いまは手元にないので正確にはわからない）が書かれてあって、今回寄稿されたような論文を、今後もどしどし書いてほしいといった内容のことが書かれていた。

まだ大学二年生だった私は、一志先生のその手紙の内容を、自分の書いた論文に対するおほめの言葉と率直に受けとり、どれほど嬉しかったことか。そして、その頃時々まわりから聞かされた、『信濃』は考古学に冷たいとか、無理解だなどという噂はうそで、一志先生は考古学がもっと歴史に近づくことを願っているのだと、ふと感じたことを覚えている。

その論文がのった『信濃』五—五は、投稿から二十日もすると、超スピードで印刷・製本されて送られてきた。自分で校正をした記憶もない。一志先生が編集者としてご自分でなさって下さったものと思う。しかしその論文の内容については、考古学研究者の間では、当時何人かの先輩の感想を聞かされただけで、あまり問題にもされなかった。ただ二、三の批判があった。

その一つは土器の型式編年学上の問題として、諸磯式系土器群は連続性が強いという指摘であり、もう一つの点は石鏃が狩猟具であり、石匙《いしさじ》が漁撈的石器という証明はできないという批判だった。その後、先史地理学をやっているある先輩が、たいへん興味深いという感想を聞かせてくれたことはあったが、この論文のことは「個別実証的考古学」の視野からは、ほとんど消え去ったかにみえる。

考古学における地域研究ということが、みんなの話題になりはじめたのはここ十数年来のことであるが、その中で『信濃』の私の古い論文がまれにではあるが思い出されるようになったことはうれしい。

地方史の精神

話が自分の回想に深入りしすぎてしまったが、私が自分の研究の方向性を個別実証的研究を偏重する風潮から脱し、地域研究の重視へと傾かせた背後には、藤森栄一先生の考古学の方法から学んだものと同時に、一志茂樹先生と『信濃』が創造し、それを推進してきた「地方史」についての思想と信念があったことは確かである。私の幼い論文への一志先生の評価は、先生のそうした学問観の表現だったと、いまも強く信じている。

高校・大学生時代に書いた私の二つの拙ない原稿をとりあげて下さった上に、感じやすい若い心をふるい立たせる激励を与えて下さった一志先生の愛情は、私一人の回想の問題だけではなく、少くとも信州の考古学全体に通ずることだった。一志茂樹先生の「地方史の精神」を、考古学の研究や、埋蔵文化財保護の運動の中で、今後どれだけ私たちが生かすことができるか。それは個人の問題であると同時に、考古学という学問の存立基盤にかかわる大切な問題であるといわざるを得ない。

補注　一志茂樹氏は一九八五年二月二十七日死去。九十二歳であった。

（一九八六年二月『長野県考古学会誌』五〇、原題「『信濃』と考古学」）

信州考古学の本物の研究者――森嶋　稔

黒耀石原産地遺跡で有名な男女倉《おめぐら》遺跡群や、和田峠遺跡群のある和田村教育委員会から、森嶋稔さんが編集にあたった『和田村の黒耀石をめぐる課題』と題する、立派な書物が私の手元に送られてきたのは、先週の末に近い日であった。

「森嶋さんがんばったな。よくまとめたなあ」と、その本のページを繰りながら、週明けには電話か手紙でひさしぶりに森嶋さんに声をかけようと思いつつ、日曜日までの大学の出張で奈良への旅に出た。

一泊の宿の部屋で大和の山脈《やまなみ》を遠くに望みながら、ふと、数年前に森嶋さんが奥様同伴で、奈良・飛鳥の里や遺跡をゆっくりと心豊かに巡り歩いたという話を、長野での会議の折、ゆっくりと噛みしめるような口調で語ってくれたのを、なにかなつかしむように想い出した。わが身の忙しさにくらべての一夜の旅情のせいだったかもしれない。

森嶋稔先生の自画像
（森嶋『あたりまえ』より）

日曜日夕方、旅から帰って、一息つく間もなく呼び出された電話は、なんと森嶋さんが亡くなられたという第一報だった。「えっ」と問い返して後は絶句した。

永年苦労された長野県考古学会の会長も後進に托して、これから本当に自分の道としての考古学の道を、じっくりと歩まれるつもりではなかったのか。なぜそんなに死に急いでいってしまわれたのか。私にはどうしても信じられない混乱と哀惜の気持ちだけが、頭の中を渦巻いた。

思えば信州の考古学に残した森嶋さんの足跡は大きい。藤森栄一・宮坂英弌・大沢和夫氏ら、学会の初期を担った大先輩が相次いで世を去った後、学会事務局長、そしてひきつづき学会会長として森嶋さんは、長野県の埋蔵文化財保護運動や文化財行政を指導する中心として活躍された。

また地域に生きる研究者としての立脚点を守りながら、〝森嶋学〟ともいえる、独特な哲学をもった学問研究を通じて、地域文化の向上と広い市民層や若手の研究者の育成に、多大の功績をあげてこられたのである。

それらの森嶋さんの活動を通じて、私自身、友人としても多くの思い出をもつ。

一九七〇年代後半の阿久遺跡保存運動では、大きな体で戸倉から諏訪まで日をおかずかけつけ、若い学会員の先頭に立って活動の推進にあたった、あの、じつに存在感あふれた姿。そして誰をも拒まず温かいご家庭に迎え入れて、学問や教育の話に熱中する情熱。

かつて『藤森栄一全集』の解説で書いた森嶋さんの言葉を借りると、「ほんこ（本物）の教育者」という一語が、いまはなき森嶋稔さんの一生にもっともふさわしいと、いま私は真実そう思うのである。

補注　森嶋稔氏は一九九六年六月、六十五歳という若さで死去された。

（一九九六年六月二十六日『信濃毎日新聞』）

常民の歴史を追い求めた考古学の心友——後藤総一郎

後藤総一郎さんと常民史学

私の心友であった後藤総一郎教授（明治大学政治経済学部）が急逝して、早くも一年余が過ぎた。その一周忌（二〇〇四年一月）にあたって、頁数五〇〇をこえる大冊の追悼集が刊行された。題して『常民史学の視座—後藤総一郎　人と思想』という。

この追悼集には一八〇名という多数の人びとが寄稿した。そして少なくともその中の一〇〇名以上の人びとが、全国各地十カ所以上に、後藤さんが主宰講師となって立ちあげた「常民大学」や「柳田国男研究会」などで、後藤さんとともに「柳田学」を軸に学んだ、地域の農民であり、会社員や自営業者や公務員、そして主婦であるといった、ごく一般の社会人・生活者だった。まさに「常民史学」の担い手たちである。

それらの人びとは等しく、後藤さんのひととなりと思想にふれた感激を偲びつつ、「後藤常民史学」＝「後藤学」の継承の決意を文章に綴っている。

「常民」とは「普通の人々。エリートでない人々。平民・庶民とほぼ同義であるが、柳田国男・渋沢敬三らは、日本文化の基底を担う人々の意をこめてこの語を用いた」と、『広辞苑』は説明している。これこそ日本民俗学、あるいは「柳田学」の要諦であるといってよいだろう。

後藤総一郎さんは柳田国男の厖大な学問的業績と思想を丹念に検証し、『柳田國男論』（一九八七年、恒文社刊）を代表とする多くの著作を発表し、とくにその中で柳田学の思想史的な位置づけと深化をはかった。このことに関する数々の仕事は、「柳田学」研究の第一人者としての後藤さんの評価をゆるがないものとしている。

しかし後藤さんはそのことで満足し、「権威」に甘んずる学者ではなかった。それは後藤さんが柳田学の精神を継承しつつ、常民を日本の歴史と社会、とりわけ地域社会の主体者と位置づけ、その常民の歴史を地域に生きる常民の手で掘りおこすという、実践活動を積極的に行ったことである。そしてそのことを通じて、人びとの一人ひとりの心の中にあるべき歴史認識を確かなものにし、過去・現在・未来を貫く、個人としての生き方、地域や社会の発展、そして人類史的な平和希求の道筋を展望しようとした。これが「後藤常民史学」の真髄である。

「後藤常民史学」の実践としての地方史誌

後藤さんが顧問・監修者の名で、しかし直接指導にあたり、かなりの部分を執筆担当してつくりあげた市町村史の主なものが、『南信濃村史　遠山』(一九七六年刊、一九八三年再版)、『天竜川流域の暮しと文化　磐田市史』(一九八八年刊)、『天竜村史』(二〇〇〇年刊)である。

いずれも外からの専門家や権威者などの手をあまり借りず、村民や市民、すなわち地域の生活者＝常民が主体となって学習したり、資・史料などを探し求めるフィールド調査などを何十回となく重ねて、住民が手づくりで書きあげた地域史である。そのため内容もそれぞれにユニークで、少くとも一般日本通史の地方版といいたくなるような多くの類書とはちがった特色をもっている。

たとえば『天竜村史』が詳細にとりあげた「平岡ダム建設史」(後藤執筆)では、それまでふれることはタブーとされていた、ダム建設に従事したアメリカなど連合軍捕虜の強制労働の生なましい様子、そして正負の関係をふくめた村民や工事現場関係者、軍関係者の交流や対応などが、資料や記録、そして村史編纂の過程でようやく口を開いた当時の目撃者の証言などを加えて、じつにリアルに厳粛に記述されている。

この村史が発刊された時、後藤さんは「五十五年後の鎮魂」と題してこんな言葉を残した。

「村および村の有志の方々とダム施行業者などの協力によって、五十六人（連合軍捕虜犠牲者＝注）の名を刻んだ「鎮魂」の碑が建立され、戦争への深い反省と、犠牲となった人びとの霊を慰め、あわせて平和への固い誓いと祈りを捧げようという、小さな過疎の山間の村である天竜村の誠実な志に、この村の明るい未来を思ったのである。」（『信濃毎日新聞』、二〇〇〇年九月）

この短い文章のなかに、後藤さんが常民史学にとり組む哲学と思想を、明解に読みとることができよう。

『遠山物語』の感動

前述の通り、後藤さんが最初に実践した常民史学としての地域史は、彼の生れ故郷でもあった長野県南信濃村という、まさに山奥の「遠山」の名にふさわしい、人口三〇〇〇人にも満たない過疎の寒村の村史であった。

しかしこの村史は、村民主体の編纂事業という点や、常民史学の基礎となる方法の実践。それによって生み出された内容のユニークさなどの点が、村外の多くの研究者や行政関係者に注目され、マスコミ等にも紹介されて、初版はたちまち品切れとなって版を重ねることになった。

海外の公的機関からの引き合いもあったということである。稀有のことといえる。

それより大事なことは、村史の編纂事業を通じて村の歴史を学習した村民の多くが中心になり後藤さんの熱心な指導もあって「遠山常民大学」が開講した。その後、全国各地に後藤さんを主宰講師として設立されることになる常民大学の第一号である。

後藤さんは『南信濃村史　遠山』の完成、常民大学のスタートを背景に、自らが開拓すべき常民史学の理念と方法についての省察を直ちに実行する。その結実が、いまや〝後藤総一郎畢生の名著〟として、多くの読者をもつ『遠山物語―ムラの思想史』（初刊本一九七九年刊、ちくま学芸文庫版一九九五年刊）である。

いまこの内容をすべて紹介する紙幅はないが、文庫版が発行された時、私が書いた短い紹介文がある。以下全文を再録する。

「手軽に読める文庫版の小さな本ではあるが、人の精神と思想の重さ、そしてそれを育んだ歴史のもつ意味を改めて考えさせる書物である。

著者の後藤さんは柳田国男の研究、全国の常民大学の主宰者として著名である。山国信州の中でもとりわけ山深い「遠山」の郷に生まれ育ち、その「遠山」（南信濃村）の村史編纂を通して、山村の「常民の歴史」に人間の生き方の原点を求めようとした。

そしてその故郷である村の歴史の中に「自分史」を投影して、一人の人間の思想の形成過程を、単なる個人史や懐旧の言葉の羅列ではない、一般普遍性をもつ地域史と常民の歴史の叙述として書き切ったところにこの本のすばらしさがある。

後藤さん自身の言葉によれば、それは自分史を土台にして、村史―日本史―人類史へとつながる「ムラの思想史」（本書副題）の実践ということになろう。

私も自分の研究分野（考古学）で、また地方史誌等の仕事に参画する中で、「地域研究」の重要性を認識する一人として、後藤さんの歴史観、とくに常民の歴史に対する理念と方法に強い共感をもつ。

また著者と同世代・同郷であり、友人でもあるという立場をこえて、そうした歴史観のもとで培われた「常民の歴史」に、深い信頼と理解をひき寄せられる。

このように本書は歴史と人間（自己）とのかかわりを知る書として一読をすすめる。

（『明治大学広報』一九九五年五月）

未完の対話

『遠山物語』を読み、後藤さんの学問の深さに改めて感銘してこの紹介文を書いた頃、私もそして後藤さんも、学問の世界とはほど遠い日常的な大学の激務の中に身を置いていた。それでも私は後藤さんの学問と思想の根底をなした「柳田学」とは何だったのかということに深い関心をもち、以前から献本を受けていた何冊かの後藤さんの著書や、その頃完結していた『柳田国男全集』（全三十二巻、ちくま文庫版）を買い込んで、私の雑然とした書斎の一番眼につきやすい書棚に並べた。

それらの本を時どき手にとって頁をひらくことはあったが、とても内容を読みくだく余裕もないまま数年が経過した。後藤さんとはそれ以前から大学の仕事の一環として、明治大学公開大学（第一回目が一九九〇年に行った学外集中講座「日本文化の古層＝諏訪講座」）で、互いの専門分野のノウハウをもち寄って共同作業をやったことはあったが、日常、学内などで連日のように声をかけ合う立場でありながら、後藤さんの民俗学＝柳田学のことも、私の考古学のことも深い中味で話題にする機会はほとんどなかった。

先の『遠山物語』の紹介文で、後藤さんの「常民史学」と私の「考古地域史」の間には何かつながりがあると書き、それ以上に私のやっている不十分な研究に、早く後藤さんの学問の方法や思想を注入したいという、焦りのような気持ちを抱きながら、考古学の第一線から次第に遠ざかる数年間が過ぎてしまった。

「古代以前に関しては記紀以外わずかな文献があるのみで、数百年間の天子様の御名と御年しか書いてないといった状態である。その不足に対して助勢に出たのが考古学である。従来顧られなかった地下の遺物、関東の野に散在する黙したる多くの古塚さえも、問えば必らず何物かを答えてくれる事の解ったのは考古学のお蔭である。中央の政治と縁のなかった土地にも人が住み、各種の工芸が栄えてそれぞれ人文進化の跡を見せている。それらが詳しく調べられれば、綜合によって関東等（どこの地域においても＝註）の古い時代が復元できるかも知れないが、それはおそらく美しい夢に過ぎないであろう。」（「文化運搬の問題」一九三四年）

柳田が「美しい夢に過ぎない」と感じたように、考古学は地域や常民の歴史を大切にするという「柳田学」とは距離を置いた。加えて柳田は、ヨーロッパの既成の学問体系を直輸入し、鳴物入りで官学としての権威を形成することを急ぐ考古学や人類学の学界に反発し、「古い腐った、あるいは乾かびた動かぬもののみを研究の対象としているばかりが、この学の名誉ではあるまい」（『民間伝承論』一九三四年）と喝破して、民間伝承論（学）、すなわち埋もれた常民の伝承を掘りおこすことによって、日本文化の根底にあるもの、信仰や習俗や生業とその道具等々を知り、生きた日本人の歴史を組み立てる学問、後に日本民俗学を確立する道を進むことになる。

くさんの常民大学・柳田国男研究会のみなさんの前で話をするには、正直いって私にとっては非常に重い課題であった。大会当日、会場に飾られた後藤さんの遺影と多くの参会者に向かって、「今日これからの話は私の不勉強ということもあって、原稿でいえば〝未定稿〟というべきものです」と冒頭にお断りして、柳田国男あるいは「柳田学」と日本考古学の関係、そして「後藤常民史学」への一考古学者としての私の想いといったことを、概略以下のように話したのである。

考古学を離れた柳田国男

一八七五年（明治八年）生まれの柳田国男は、明治維新という新しい時代の風潮の中で、多感な青春期を過ごし、代表的な明治時代の知識人の一人として成長していくが、その鋭い感性を日本人の歴史、とくにごく普通に歴史の中に生きてきた人びと（後に柳田が常民の名で呼ぶ）の歴史と文化に強い関心をもつ。

そしてその頃、創成期にあった人類学会（一八八四年創立）や考古学会（一八九四年創立）に近づく。柳田の著作には考古学への期待をこめた発言が所どころにみられる。柳田の発言としてはやや後の時代のものであるが、次に引用するのはその一つ。

宿題「民間学の思想」

二〇〇三年十月、後藤総一郎さんのゆかりの地である長野県飯田市で、「第二十回全国常民大学合同研究会」が開催された。これは後藤さんが自分の生れ故郷である南信濃村＝遠山で、最初の常民大学を立ちあげ、その後全国各地に十余の常民大学や研究会を組織して、「常民大学運動」を開始してから三十周年という節目にもあたる記念大会であった。

第一回目の大会からそうであったように、この記念大会についても後藤さんが企画し、構想・内容の基本を立案し、みんなの協力を得ながら準備を進めていた。そして闘病生活に入ったベットの上でもメモを記し、訪ねてくる関係者に大会運営の細部にいたるまで指導をくりかえし、それは死の旬日前の最後まで続いていたという。

大会への想いを懸けた後藤さんのメモの中に、記念講演の候補者の名前が書かれ、その一人に私の名が記されていたらしい。後藤さんの葬儀が終わり、常民大学の関係者の間で、後藤さんの遺志にそった大会開催が決まり、しばらくしてから実行委員会から私のところへ講演依頼がきた。お断りするわけにもゆかず承諾の返事をすると、折り返しに大会事務局から連絡があって、演題はすでに後藤さんの遺志で決まっていて、「民間学の思想」であると伝えられた。

後藤さんから与えられた宿題ともいえる演題は、永いこと後藤さんと共に学んでこられたた私が現職を引退してやや余裕をもちはじめようとしていた後も、後藤さんは現役の大学理事として、持ち前の誠実さとバイタリティで奔走していた。その疲れが蓄積したのか、あの頑丈な後藤さんの肉体に不治の病魔が巣喰っていたのだった。二〇〇二年秋、後藤さんは闘病生活に入った。入院の直前にくれた手紙には、自分の病気のことなどほとんどふれず、その年の春の考古学協会総会で、旧石器発掘捏造事件の解決の方向性を示したことに対する私へのねぎらいの言葉と、次第に情況が悪化する「イラク問題」への憂慮の気持ちが書かれていた。そしてそれから五カ月も経たない翌年（二〇〇三年）一月、忽然ともいえるあっ気なさで、後藤さんは世を去ってしまったのである。

縄文衣で飾った後藤総一郎さん（右）と筆者
（1992年、尖石遺跡）

私の心には、心友の死を悲しむとともに、「後藤常民史学」の哲学を熱い言葉で直接、後藤さんの口から聞く機会を失したことへの悔いが、それから一年余のいまでも深いわだかまりの気持ちとなって強く残っている。

そしてその故郷である村の歴史の中に「自分史」を投影して、一人の人間の思想の形成過程を、単なる個人史や懐旧の言葉の羅列ではない、一般普遍性をもつ地域史と常民の歴史の叙述として書き切ったところにこの本のすばらしさがある。

後藤さん自身の言葉によれば、それは自分史を土台にして、村史―日本史―人類史へとつながる「ムラの思想史」（本書副題）の実践ということになろう。

私も自分の研究分野（考古学）で、また地方史誌等の仕事に参画する中で、「地域研究」の重要性を認識する一人として、後藤さんの歴史観、とくに常民の歴史に対する理念と方法に強い共感をもつ。

また著者と同世代・同郷であり、友人でもあるという立場をこえて、そうした歴史観のもとで培われた「常民の歴史」に、深い信頼と理解をひき寄せられる。

このように本書は歴史と人間（自己）とのかかわりを知る書として一読をすすめる。

（『明治大学広報』一九九五年五月）

未完の対話

『遠山物語』を読み、後藤さんの学問の深さに改めて感銘してこの紹介文を書いた頃、私もそして後藤さんも、学問の世界とはほど遠い日常的な大学の激務の中に身を置いていた。それでも私は後藤さんの学問と思想の根底をなした「柳田学」とは何だったのかということに深い関心をもち、以前から献本を受けていた何冊かの後藤さんの著書や、その頃完結していた『柳田国男全集』（全三十二巻、ちくま文庫版）を買い込んで、私の雑然とした書斎の一番眼につきやすい書棚に並べた。

それらの本を時どき手にとって頁をひらくことはあったが、とても内容を読みくだく余裕もないまま数年が経過した。後藤さんとはそれ以前から大学の仕事の一環として、明治大学公開大学（第一回目が一九九〇年に行った学外集中講座「日本文化の古層＝諏訪講座」）で、互いの専門分野のノウハウをもち寄って共同作業をやったことはあったが、日常、学内などで連日のように声をかけ合う立場でありながら、後藤さんの民俗学＝柳田学のことも、私の考古学のことも深い中味で話題にする機会はほとんどなかった。

先の『遠山物語』の紹介文で、後藤さんの「常民史学」と私の「考古地域史」の間には何かつながりがあると書き、それ以上に私のやっている不十分な研究に、早く後藤さんの学問の方法や思想を注入したいという、焦りのような気持ちを抱きながら、考古学の第一線から次第に遠ざかる数年間が過ぎてしまった。

その上で柳田は考古学と民俗学の違いについて、考古学に対する痛烈な批判をこめた言葉で次のように語る。

「考古学とフォークロア（柳田はそれ以前から「民間伝承の学」などの呼び方を用いていたが、この時点ではまだ「民俗学」の用語を避けている＝註）の対立関係を説くに当って、学問と社会との交渉が問題になる。何のために学問をするかという疑問を持たず、また学問のために学問をすると答え得る人は、心を二千年以前の人生に遊ばしめて一代を悔いぬであろうが、我々の如き俗人はそれでは気がすまない。一国一時代の文化の最も意識的な促進、つまり人を少しでもより賢くし、誤解と失敗を少しでも避けるために学問はなすべきもの、また奨励すべきものだという考えをもった人がいるとすると、古い昔に対する好奇心よりも、今日眼前の疑問に答えることを先にしたくなるのは当然であり、我々は単なる昔に対する復元的好奇心のみでは満足していられない。」（「文化運搬の問題」一九三四年）

この文章はいまから七十年前、多数の考古学関係者を含む「日本上代文化学会」の講演の中の発言である。当時の研究者たちはどんな気持ちでこれを聞いたのだろうか。ふりかえって現在、憲法をふみにじってまで外国に自衛隊という軍隊を派遣するという事態を眼の前にして、いや、それよりも身近かに、開発優先の官主導の文化財行政の下で学問としての考古学の存立基盤が傾いているといった状態をみて、いま私たちはこの柳田国男の言葉をどのように受けとるべきなのだろうか。

日本考古学史の中の柳田国男

いま引用した二つの文章は、柳田国男の厖大な著作をわずかに拾い読みした言葉の断片にすぎない。そうした発言の背景や深い意味等については、考古学の側からさらに幅広く厳密な検討を加えなければいけないと考えている。

私は飯田市での講演の中で、柳田国男あるいは民俗学と、考古学者あるいは日本考古学のかかわりについて、自分の思い出話のような次の事例を少しつけ加えた。

一つは私がまだ学生時代、考古学者小林行雄が発表した「黄泉戸喫《よもつへぐい》」という論文を読み、その中で柳田の民俗学的業績を引用し、論文全体の構成・叙述の方法も、ことによると文体そのものがあまりにも〝考古学（者）〟的でなく、歴史的であり、かつ文学的であったことに深い感銘を受けたということ。

二つめは、考古学界全体としては、柳田最晩年の著作『海上の道』をめぐって、日本文化（人）南方系統説ともいうべき柳田の学説が、一時期、考古学研究者によってとりあげられ、その多くは考古学や人類学の新知見と異なることを根拠とした反対論だったこと。

そして私自身の思い出として、まだ高校時代の〝考古ボーイ〟の頃、私の考古学の恩師であった藤森栄一から、これをよく読みなさいといって柳田国男の名著『雪国の春』を渡されたが、当時はその真意もわからずに読みとばして終わったことを、反省として紹介した。

その上で先に引用した文章で、柳田自身が「考古学とフォークロアの対立関係」と表現したように、日本考古学史の中では総体として柳田国男もその業績も、考古学にとっては何か埒外《らちがい》なものとされていたといわざるを得ないという感想を加えた。

しかし近年、考古学的方法論の反省や見直す動きが活発になり、民族学（誌）や民俗学（誌）の知見を考古資料の解釈に応用する研究例が目立って多くなってきた。歓迎すべき動向であるが、まだそれぞれの学の間にある方法論上のヒアタスは必ずしも埋まっていないと思う。

そうした学界の動向の中で、若い世代の考古学研究者の間には、私が意外に思ったほど多くの人が柳田国男に関心を抱き、全集全巻を書斎にそろえている人も何人かいたということを最近知った。そして口ぐちにいうことは、いま自分たちがやっている考古学と「柳田学」をどう結びつけて読んでいけばよいだろうかということだった。それは民俗資料と考古資料を単純につなぎ合せるといった、研究上の手段といったレベルの問題以上の、何かを求める模索の声だったように私には聞えた。

柳田国男を日本考古学史の中でどのように位置付けできるのか、そしてこれからの日本考古学にとって「柳田学」がどんな役割をもち得るのか、そのことがいまの日本考古学の状況の中で、重要な一つの課題であるという認識を、一考古学研究者として、私は常民大学のみなさんの前に示してこの話を結んだ。

「後藤常民史学」の思想

後藤総一郎さんから与えられた宿題、「民間学の思想」と題する私の講演の最後は、「後藤常民史学」の理念を熱く訴えた、最晩年の後藤さんの発言録を紹介することで話を進めた。それは二〇〇一年九月に発行された『常民大学紀要三』に掲載された「柳田国男と現代」と題する後藤さんの論文（講演＝後藤さんの死の半年前）の中のいくつかの言葉である。

「二一世紀を迎えたものの、わたしたちを取り巻く状況は相変らず暗い。現代日本の病理を乗り越える道はあるのか、ないのか。それを知るためには私たちが生なましく抱えている現代的な問題を腑分《ふわけ》して分析するより道はない。それにあたり過去を振り返り、民衆の歴史を綴り続けた、柳田国男の学問の中から学びうるものはないだろうか。」

と、まず問題を投げた。この論文で後藤さんが具体的にとり上げた現代日本の病理とは、次のような諸問題であった。⑴今日の失業状況、⑵自殺者の増加、⑶児童虐待の増大、⑷公職者の犯罪・汚職、⑸教育の問題、⑹ネオ・ナショナリズムの台頭、⑺靖国神社参拝問題、⑻「ええじゃないか」の精神史―「小泉人気」について、⑼オサマ・ビンラディンの心性構造―国際テロの問題。

後藤さんがこの論文を書いた当時はまた現実化していなかったが、右の諸問題にイラク戦争、そしてそれに日本の自衛隊の派兵、さらに平和憲法改悪の動きを加えれば、二十一世紀初頭の私たち日本人の心を暗く押しつけている病理の深刻さを誰もが思うであろう。

後藤さんはこうした問題を自分が生涯をかけて研究してきた「柳田学」を通じて、常民の歴史と思想の視座で、まさに数々の病理の実態を腑分けして、その根源をとり除く方向性をさぐり出そうと問題を提起したのである。

「戦後のいわゆる繁栄とは、日本人自らが内発的に築きあげてきた本物の繁栄ではなく、虚構の繁栄だった、と言えるかもしれない。そしてそれを支えてきたのはほかならぬ我々民衆自身であったのだ。民衆それぞれが時どきの政治や地域の行政の中で、互に力を出しながらやってきたはずが、どこかで歯車が狂ってしまった。」

と分析した上で「柳田学」にもふれていう。

「その状況（現代日本の病理＝註）を、民衆の歴史を掘り、その中から未来を導き出すという柳田の方法にしたがって、超え拓くことができるのか。あるいは柳田の方法を用いることではもはや望みがないのか。」

「柳田は近代日本史上に燦然と輝いた存在であった。日本民衆の生きてきた歴史を丹念に実証的に拾いあげながら、人類史とは何かを目指し追究していったのが柳田学であったのだ。」

「もちろん今の研究水準から見れば、柳田の研究に学的な欠落があるのは当然であって、むしろ柳田の思想を民俗学の呪縛から解放し、日本民衆の精神史として積極的な意義を見出す必要がある。」

この「柳田学」の現在的意義にふれた後藤さんの発言は、民俗学の否定を示唆するほどのまことにきびしい自省の念を含むとともに、一個の研究者・学者としての良心に由来する血の叫びであると考える。われわれの考古学の世界で、こんな声が聞こえるだろうか。


考古学はいまなにを…

考古学と民俗学は研究の方法も対象も異なるから、後藤総一郎さんのいう「現代日本の病理」などといったことと、自分の研究とは関係がないと考える考古学研究者が、もし居たとしたらそれはまちがっていると私は声を大にして言いたい。

戦前の日本考古学史を通じて、「神代史」に変わる正しい科学的な古代史の重要性を、考古学者の誰かどれだけ主張したか。アジアへの侵略戦争をどのように阻止しようとしたか、逆にいかに荷担したか等々。

古い学史上のことだけではない。戦後の考古学史の中でいまに続く野放図な開発優先の発掘と、行政主導の文化財行政をなぜこれほどまでに許してしまったか。その結果生じたさまざまな考古学界の矛盾を、一刻も早く正さなくてはならないとどれだけの人が真剣にとり組んだか。その努力が不発のままあの旧石器発掘捏造事件が発覚し、それに対する反省も不十分なまま、学問としての考古学の信頼は地に墜ち、空洞化が続いているとはいえないだろうか。

こうした考古学の世界にある問題を腑分して解剖してみれば、その根源には後藤さんが指摘したような、その時代時代の現代的病理が深くかかわっている。捏造事件が発覚した直後、その背景にふれた若い明治大学の学生のレポートを私はある本で紹介したことがある。その学生が鋭く指摘した最大のポイントは、従来日本の考古学界では、プロの研究者といわれる人びとの間に、社会と正しくコミットし、学問のはたすべき社会的責任を自覚することが欠如していたのではないかということだった。

先ほどから何回か引用した後藤総一郎さん晩年の論文の最後は次の言葉で結ばれていた。

「柳田の学問はいわゆる官の学ではない。生活者や地域の人間として「野の学」の立場から、現代の問題を突き破りたい。」

と。これは考古学にとっても、いや他のすべての科学において、学問としての存立基盤を確かにするための、最小限必須の条件であると、私は信じている。

（二〇〇五年三月『地域と文化の考古学Ⅰ』）

信州の地に生き抜いて一世紀——由井茂也

由井茂也《ゆいしげなり》先生が、永い生涯を通じて、この佐久の地と人びとを愛し、考古学研究者として、地域の文化と教育に貢献した功績は、国および長野県の教育・文化功労賞や、藤森栄一賞等々の受賞を通じて、あまねく多くの人びとが知るところです。

とくに、いまから五十年以上も前、馬場平《ばばだいら》や矢出川《やでがわ》遺跡等々、野辺山高原一帯で、じつに多くの先土器時代＝日本旧石器時代の遺跡を発見し、中央・地方の専門学者を迎え入れて、実地に則した地道な研究の推進者となられたことによって、当時、考古学界で野辺山の地が「先土器時代の里」といわしめたことからも知られるように、考古学界でまだ未知の世界だったといってもよい、日本列島最初の人類の歴史をひもとく、最大のフィールドとなったのです。

これからも続く、日本考古学史、とりわけ先土器時代研究の歴史の中で、考古学研究者由井茂也の名は、永久不滅のものとして、輝きつづけるであろうことは疑いありません。

由井茂也先生（右）100歳記念の会での写真。先生の死の1カ月前、左は土屋忠芳氏（2004年、野辺山）

その由井先生の大きな功績を顕彰し、それ以上に、先生の人間性と魂を心から敬愛して止まない、私たち若い考古学研究者が、由井先生の生誕百年をお祝いしようと、先生との想い出が深い野辺山の地に集ったのは、秋も深まった今年（二〇〇四年）の十一月二十日のことでした。

ややご不自由な身体にもかかわらず、ご家族のみなさんに見守られて、心よくその会にお見え下さった由井先生は、五十数年前に私が初めてお逢いした時と変わらぬ温顔で、参加者の一人ひとりと握手をされ、また笑顔で対話を交され、私たちに向かって何度も何度も「ありがとう、みなさんありがとう」とくり返し言葉をかけて下さり、かえって私たちを恐縮させました。

そんな由井先生と間近に接して、私たち一人ひとりの胸の中には、改めて先生の考古学への情熱と夢、そして誰にでもわけへだてなく注がれる温かい人間愛ともいえる先生の気持ちに対する、尊敬と敬愛の念が再び強くよみがえってきたのです。

その上で、私たちは参加者一同の気持ちとして「由井茂也先生の青春は永遠である」という言葉を贈りました。それは百歳を生き抜いて、夢とロマンを失わず、人間愛に満ちた、誠実な生き方に徹した由井先生に学び、自分たちも精いっぱい、これからも生きていきたいという決意を、大先輩の由井先生に告げる言葉でもありました。

来年もまた野辺山でお逢いしましょう、と約束をしてその会を閉じてから一カ月、今日、こうして由井先生とのお別れの時を迎えようとは、まったく思いがけないことでした。本当に残念で悲しいことです。

でも、由井茂也先生、先生が私たちの心に、深く刻みつけてくださった、「人間、由井茂也」の魂と面影は、私たちにとっては永遠の宝物です。

淋しさをこらえながら、先生どうぞ安らかにお眠り下さいと、お別れの言葉を申しあげて弔辞といたします。


（二〇〇四年十二月）

補注　由井茂也氏は二〇〇四年十二月二十七日死去された。満百歳の誕生日まであと一カ月、九十九歳であった。

おわりに――ある少年の考古学にかけた夢

由来、信州の大地は豊かな自然に恵まれ、原始の時以来その自然と共生して創りあげられてきた歴史の遺産は、日本列島のどの地域にもまして強い光芒《こうぼう》を放っている。

たとえば万の年代で数えるような岩宿《いわじゅく》（先土器・旧石器）時代には、信州中部の火山地帯で多産する良質な黒耀石が、関東など中央日本各地に流通して、「黒耀石文化」とも称すべき発達した旧石器の文化の中核となった。

またいまから数千年前の縄文時代には、多くの研究者が「信州縄文王国」と呼ぶ、きわめて繁栄した独特な文化圏を、広く中央日本に形成した。

さらにそれら始源の文化の伝統を引きつぐのだろうと考えられている「諏訪信仰」等々、信州の古層の信仰や民俗、それらを囲む地理的風土を含めてみれば、信州は日本文化の基層、日本人の原郷土を知る数多い歴史的文化遺産に満ちた土地といってよい。

その信州に生まれ、考古学を専門としてきた私が、『信州の旅』に初めて寄稿したのは三十年前であった。それ以来その時々の信州の考古学上の話題をひろって投稿した小文の数は二十篇になる。一般の読者にとっては少々とりつきにくい考古学の話を、粘り強くとり上げてくれた編集者藤田靖夫氏に対して、研究者の一人として敬意と感謝の念を禁じ得ない。と同時に、編集者の熱意と読者の希望にどれだけ応え得たかと忸怩たる気持ちも強い。

＊

今日の小文は信州や考古学の直接の話題から少しはなれて、若干私ごとに及ぶことをお許しいただきたい。

私が考古学という学問を知り、石器や土器の魅力にとりつかれて勉強をはじめたのは、中学（旧制諏訪中学校）一年生の時、それは太平洋戦争敗戦の年（一九四五年）の秋のことである。終戦で中断されていた学校が再開され、その時授業でまずやったことは、古い歴史の教科書の墨塗りだった。その途中、担任の教師が学校の裏山に続く畑に生徒を連れ出して、「この畑に本物の歴史が転がっている」といってみんなに拾わせたのが、縄文土器のかけらや黒耀石の矢の根だった。

拾った土器片を手にして「これは大昔の先祖が捨てたカメのかけらだ」と説明された時は、それこそ全身に電流が貫くような衝撃的な感動に襲われた。そしてその瞬間から六十年にわたる私の考古学の旅が続くわけだが、それゆえ、敗戦によって得た平和・自由の喜びと土器・石器を研究することの意義との関係は、私の考古学人生の中ではつねに一体であった。

学生としてまた教員として五十年近く籍を置いた大学を退職し、考古学の一線からも身を引いた私は、この頃、六十年に近い自分の〝考古学人生〟を、反省と自戒の想いをこめながらふり返る時間が多い。

＊

たまたま今年（二〇〇五年）になってすぐ、私が人生の大半を過した大学（明治）で、考古学の専攻講座が創設されて五十五周年を記念する会合があった。そこで古手の卒業生の一人としてあいさつする機会が与えられた。何を話そうかと思い巡らせながら、会の前日、書斎の片隅に残っていた中・高校生時代の粗末な日記帳をペラペラとめくってみた。

その頃知りはじめた考古学への憧れや、その的《まと》の一つであった藤森栄一・宮坂英弌先生への敬愛の念、学校の試験や大学進学の悩みなどが、旧仮名遣いの乱暴な字と文で書き散らされている日記だった。そんな中で一九四七年五月三日の日記に目が止まった。幼い中学三年生の時の古い拙文であるが、ここに抜き出してみたい。

「五月三日　戦い敗れども国亡びず。今日この日、我々日本人にとって、世界史上に一大名誉が与えられた日である。昨年十一月三日新憲法発布されてより六ケ月、あらゆる角度から世界の範たるべき、我が日本の平和憲法が効力を発揮する日だ。今日の自分の筆はあまりの感激のためこれ以上進まない。この感激は子孫の子孫まで、我々日本人は更に覚悟して伝える必要がある。」

＊

大学での会合で私は多くの考古学の卒業生の前で、少々はにかみながらこの日記を大声で朗読し、その後で敗戦の混乱と貧困の下でありながら、自由と平和の喜びを肌で感じ、考古学という学問の道にのめり込んでいった、一少年の生々しい叫びが聞こえてくるようだと、自画自賛ともいえる説明を加え、その上でこれこそが自らの考古学の原点であったと回顧した。

あれから半世紀余、二十一世紀の新しい時代の入口で、これからの人類史の構築のために、一大学、一研究者だけの問題ではなく、日本の考古学が何をめざして、どのように新しい時代を切り拓く学問として、社会の中で存立基盤を問われているかも訴えた。

かの旧石器発掘捏造事件も、考古学を学ぶ原点を見失った、学界的体質の中で生じたものだとも語った。

そして最後に、現役を離れた自分ではあるが、原点に立ち帰って自由と平和を守るこころを、少しでも広げる努力を続けたいと誓って、その会合での話を閉じた。

（二〇〇五年四月『信州の旅』一三二号）

著者紹介

戸沢充則（とざわ　みつのり）

1932年、長野県生まれ。考古学者。

1945年秋、旧制中学校1年生の時に、学校の裏山で縄文土器片を拾った感動から考古学の道を歩む。高校生時代には、藤森栄一氏の主宰する「諏訪考古学研究所」に参加。その後、明治大学文学部考古学専攻に進学。以後、明大で岩宿時代・縄文時代の研究と学生の指導をつづけ、明大考古学博物館長、文学部長、学長を歴任。2000年3月に退職。明治大学名誉教授。その一方、「市民の考古学」をモットーに各地で市民参加の発掘調査、考古地域史研究を実践する。

2000年12月より2002年6月にかけて、日本考古学協会の「前・中期旧石器問題調査研究特別委員会」委員長として、旧石器発掘捏造事件の検証調査にあたる。

著　書『考古学のこころ』『考古地域史論』『増補　縄文人の時代』（以上、新泉社）、『縄文人は生きている』（有斐閣）、『岩波講座　日本考古学』（共編著、岩波書店）、『縄文人との対話』『縄文時代史研究序説』（以上、名著出版）、『先土器時代文化の構造』（同朋舎出版）、『縄文時代研究事典』（編、東京堂出版）ほか多数。

歴史遺産を未来へ残す――信州・考古学の旅

2005年8月1日　第1版第1刷発行

著　者＝戸 沢 充 則
発行所＝株式会社　新 泉 社
東京都文京区本郷2-5-12
振替・00170-4-160936番　電話03-3815-1662　FAX03-3815-1422
印刷・製本　創栄図書印刷
ISBN4-7877-0514-8　C1021

シリーズ「遺跡を学ぶ」

監修・戸沢充則

A5判96頁・オールカラー・定価1500＋税

001
北辺の海の民・モヨロ貝塚
米村 衛

六世紀、北の大陸からオホーツク海沿岸にやって来たオホーツク文化人が花開かせた独自の文化をモヨロ貝塚から明らかにする。

002
天下布武の城・安土城
木戸雅寿

織田信長が建てた特異な城としていくたの映画・TVドラマで描かれてきた安土城の真実の姿を考古学的調査から明らかにする。

003
古墳時代の地域社会復元・三ツ寺I遺跡
若狭 徹

群馬県南西部に残されていた首長の館跡や古墳、水田経営の跡、渡来人の遺物などから、五世紀の地域社会の全体像を復元する。

004
原始集落を掘る・尖石遺跡
勅使河原 彰

八ヶ岳西南麓に栄えた縄文集落の解明、そして遺跡の保存へと、みずからの生涯を賭けた地元研究者・宮坂英式の軌跡をたどる。

005
世界をリードした磁器窯・肥前窯
大橋康二

一七世紀後半、肥前磁器は遠くヨーロッパに流通した。それはなぜか？考古学的調査から肥前窯の技術・生産・流通を紹介する。

006
五千年におよぶムラ・平出遺跡
小林康男

縄文から現代まで連綿と人びとの暮らしが営まれてきた平出の地。縄文・古墳・平安の集落を復元し、人びとの生活ぶりを描く。

007
豊饒の海の縄文文化・曽畑貝塚
木﨑康弘

干潟が育む豊富な魚介類を糧に有明海沿岸には多くの貝塚がつくられた。朝鮮半島から沖縄諸島にひろがる海の縄文文化を語る。

008
未盗掘石室の発見・雪野山古墳
佐々木憲一

琵琶湖東南部に位置する雪野山の未盗掘石室で出土した三角縁神獣鏡などの副葬品から古墳時代前期の地域首長の姿を解明する。

009
氷河期を生き抜いた狩人・矢出川遺跡
堤 隆

氷河期末、長野県八ヶ岳野辺山高原にやって来た狩人たちの移動生活と適応戦略に、細石刃と呼ばれる小さな石器から迫る。